COHN

TEMPORALIDADES
TIMBRES & PULSAÇÕES

CADERNOS ULTRAMARES

ORGANIZAÇÃO E PROJETO GRÁFICO
Marcos Lacerda, Ana Paula Simonaci e Sergio Cohn

CONSELHO EDITORIAL
André Botelho
Bernardo Esteves
Boaventura de Souza Santos
Evelyn Goyannes Dill Orrico
Fréderic Vanderberghe
José Luis Garcia
Maria João Cantinho
Renato Rezende
Teresa Arijón
Vagner Amaro

ISBN 9786586962383

azougue press |
coordenação geral Sergio Cohn
coordenação editorial
Sergio Cohn — Darien Lamen — Cristián Jiménez Plaza
Brasil | CNPJ 12.272.339/0001-26
Portugal | Oca Editorial NF 515805394
USA | E. Id. 803650511
Chile | Tucán Ediciones RUT 77.369.106-1

A proposta dos Cadernos Ultramares é transpor fronteiras. Não apenas geográficas, com a edição de um amplo panorama do pensamento brasileiro para o público português, mas também entre as áreas do saber, criando uma coleção transdisciplinar, acessível não apenas para leitores especializado, pesquisadores e acadêmicos, como para interessados em geral.

Para isto, os Cadernos Ultramares privilegiam a leveza do ensaio, a "brigada ligeira", utilizando-se de um gênero marcado pela abertura e experimentação, uma forma privilegiada para a proposição e a apresentação de interpretações da cultura e da sociedade. Nos últimos anos, o gênero ensaio tem sido revalorizado como um importante meio de diálogo entre a pesquisa acadêmica e a sociedade.

O Brasil possui uma produção riquíssima de pensamento em diversas áreas, que vão da física à antropologia, da matemática às artes. Os Cadernos Ultramares, ao trazerem importantes textos de alguns dos nossos mais renomados pensadores, sejam clássicos ou contemporâneos, busca possibilitar ao leitor um olhar amplo e qualificado sobre essa produção.

Interessa-nos a constituição de um diálogo entre áreas, de uma conversa aberta que escape das armadilhas do pensamento especializado e do produtivismo acadêmico. Interessa, antes de tudo, a valorização do encontro do leitor com o sabor do texto, do prazer da leitura e da troca livre de pensamento.

APRESENTAÇÃO

POR MARCOS LACERDA

A sociologia brasileira se desenvolveu inicialmente através de ensaios clássicos, como os escritos por Gilberto Freyre, Sérgio Buarque de Hollanda e Caio Prado Júnior nas primeiras décadas do século XX. Só num segundo momento, algo como uma disciplina sociológica organizada como um campo de conhecimento específico, ensinado dentro de Universidades, veio a acontecer. Este segundo momento tem no nome de Florestan Fernandes a figura mais importante e expressiva. Em certa medida, a escrita ensaística de Gilberto Freyre e o rigor analítico e conceitual de Florestan Fernandes podem ser considerados como os dois principais paradigmas do que se fez de melhor na sociologia e nas ciências sociais no Brasil. Gabriel Cohn (1938), um dos nos mais importantes sociólogos brasileiros, se situa justamente, a nosso ver, entre estes dois paradigmas e tem criado uma das obras mais significativas da sociologia no país. Ele tem conseguido aliar, na sua obra, rigor conceitual e escrita ensaística de uma forma sem par dentro da nossa tradição em ciências sociais, ao mesmo tempo que vem tratando dos grandes temas da sociologia, através da depuração crítica de conceitos e noções como as de desenvolvimento, comunicação, indústria cultural, tempo social, informação e, claro está, o conceito-chave deste vasto e heterogêneo campo de saber: a sociedade.

Assim, poderíamos dizer, a sua reflexão tem como objeto principal a sociedade em relação com a modernidade, através da análise da teoria sociológica em geral, com especial atenção para a abordagem minuciosa de um dos clássicos da sociologia, Max Weber, dos filósofos e sociólogos da primeira geração da chamada "Escola de Frankfurt", em especial Theodor Adorno, do problema da comunicação e da indústria cultural, até temas mais contemporâneos como a questão da sociedade da informação e do capitalismo avançado em importantes ensaios como *A forma da sociedade da informação* (2016) em que diferencia de forma sutil e decisiva "informação" de "comunicação", e *A sociologia e o novo padrão civilizatório* (2016).

Para uma perspectiva mais geral sobre a sua obra cabe destacar os livros *Crítica e resignação* (1979), relançado em 2003 e sua obra mais importante sobre Weber; *Sociologia da comunicação – Teoria e ideologia* (1973), relançada em 2015 e *Weber, Frankfurt, teoria e pensamento social 1* (2016), que reúne uma compilação significativa de alguns dos seus principais artigos e ensaios, entre eles "As duas faces da indústria cultural", versão ampliada de artigo originalmente publicado no livro *Sociedade Global: cultura e religião* (1998, organizado por Alberto S. Moreira); "Música e racionalização em Weber", publicado primeiramente como prefácio do livro *Os fundamentos racionais e sociológicos da música* (livro do próprio Weber, traduzido por Leopoldo Waizbort), além do ensaio "Temporalidades – timbres e pulsações", originalmente publicado no livro *Domínio das tecnologias – ensaios em homenagem a Hermínio Martins* (2015, organizado por Maria Angela D'Incao), este último selecionado para a coleção Cadernos Ultramares, este último selecionado para a coleção Cadernos Ultramares, ao lado de "Civilização, Cidadania e Barbárie".

No primeiro texto, Gabriel Cohn apresenta a problemática associada ao conceito de tempo em sociologia, a partir de um texto seminal do sociólogo português Hermínio Martins, "Tempo e teoria em sociologia", e tendo como contexto questões que envolvem a teoria sociológica, em especial os embates entre a microssociologia interacional e a macro (ou meso) sociologia estrutural-funcionalista; a epistemologia que trata de rupturas e descontinuidades em contraponto às concepções mais contemporâneas a respeito da multiplicidade e simultaneidade; a problemática, por fim, ela mesma central ao texto, da análise da dimensão social do tempo a partir de uma perspectiva associada à teoria da ação, mas não da ação como orientação individual desvinculada de contextos temporais, mas da ação que, inevitavelmente, se vincula a estruturas e sistemas e os molda, ao mesmo tempo em que é moldada por eles. É este o sentido de compreender a história, como bem o diz o texto, não como um fluxo de eventos dispersos, mas como tempo socialmente organizado, ou temporalidades que se constituem através de um jogo complexo entre ações e sistemas, e que envolve conflitos, mudanças, regularidades e orientações de sentido. No entanto, é preciso que de siga, atribuir "orientações" ao tempo socialmente organizado não é mesmo que atribuir uma linearidade ou um sentido único, homogêneo, cuja finalidade estaria pré-determinada.

Usando uma bela imagem metafórica, como base da sua argumentação, formada pela relação entre a flecha e a vibração das linhas do arco como expressão do tempo social, Cohn propõe uma mudança de perspectiva a respeito do lugar de realização do tempo que passaria a não mais se concentrar na trajetória da flecha, o que implicaria numa abordagem a procura do sentido totalizante da trajetória, mas na vibração do arco com toda a sutileza dos seus timbres, pulsações e feixes, ecoando um campo de possibilidades múltiplo, para além da linearidade que se verifica na trajetória da flecha. Se pensarmos a vibração do arco como o resultado do conjunto de ações sociais, teremos, assim, uma base interessante para pensar a questão do tempo socialmente organizado, no momento mesmo da sua constituição e abertura, sem associar a ele de antemão uma direção ou orientação de sentido pré-definido ou teleológico. Neste sentido, podemos dizer que tal mudança de perspectiva implicaria, assim, numa mudança do alcance analítico, no modo mesmo de compreensão e, quem o sabe, explicação do mundo social.

No segundo texto, "Civilização, Cidadania e Barbárie", Cohn apresenta uma instigante reflexão a respeito da relação entre civilidade e ação política democrática, capaz de superar a alternativa entre a espera de uma redenção transcendente ou o niilismo desesperançoso que acaba por se entregar e se anular numa ordem totalizante vinda de fora, como nos exemplos do Messias de Kafka e dos bárbaros de Kaváfis. A base da sua reflexão é Adorno, em especial, os ensaios de Mínima Moralia.

A civilidade como valor e como orientação da ação teria surgido num processo histórico que marca o início da ascensão da burguesia e em que há a emersão de uma nova forma de individualidade, baseada numa dialética que não nega as virtudes clássicas, nem se subordina a elas. Esta nova forma de individualidade une respeito à dignidade do outro com afirmação de experimentações pessoais de individuação e é anterior ao regime do interesse regulado pela racionalidade instrumental que será, num momento posterior, a base da sociabilidade burguesa, já com a consolidação da sua ascensão como classe econômica, social e política. No lugar da lógica do controle, da organização e da eficiência, expressões do ethos burguês por excelência, a civilidade admite como valor maior as virtudes cívicas da política, como "processo contínuo de construção conjunta de uma ordem pública digna de ser vivida", sem negar, com isso, obviamente, os conflitos, mas sem transformá-los em confrontos potencialmente hostis, com o objetivo da aniquilação

A construção da cultura política da civilidade é, por extensão, a construção da própria civilização e é fundamental para conferir conteúdo concreto à noções como as de "sociedade civil", "espaço público" e "esfera pública". Do mesmo modo, ela é o oposto da barbárie que, neste caso, significa autonomização do interesse egóico, com indiferença estrutural em relação à dignidade, ao papel, ao desejo e à presença do outro. Indiferença estrutural que tem também uma dimensão coletiva, potencialmente universalizável, na medida em que resulta, como consequência involuntária ou não, em figurações que perpassam todo a sociedade e se transformam assim em norma que se reproduz através da relação entre a dimensão universal (as instituições, os direitos objetivados) e a dimensão contextual (a prática da experiência cotidiana).

O avesso de uma sociedade baseada na cultura política da civilidade e que preza por valores como responsabilidade, respeito à dignidade do outro, afirmação de uma individualidade aberta e singular, relação com a política como exercício de virtudes cívicas é uma sociedade baseada na lógica da punição, da possessão e no caráter predatório na relação com o outro, com o espaço público e com a esfera pública. É o caso da sociedade brasileira, em que o espaço público se esvazia como lócus de exercício da civilidade e se transforma em instância do exercício da punição; em que a relação com a noção de "público" é de possessão total, aquilo que é de "todos" ou de "ninguém", e não como uma arena determinada e concreta para a construção consciente da vida em comum; e, por fim, como predação, que sintetiza a punição e a possessão, na medida em que concebe como única forma de ação do poder público em relação ao cidadão a cobrança de algum valor pecuniário a uma eventual infração, como meio de arrecadação estatal, sem passar pelas fases intermediárias, que envolvem uma série de mediações para a construção do espaço público como arena da civilidade, da política e da vida em comum.

Temporalidades
Timbres & pulsações

Em memória de Hermínio Martins

"Como caracterização geral do mundo moderno, da estrutura primordial do 'nosso tempo' ele permanece muito plausível, embora atualmente 'nosso tempo' pareça muito mais indeterminado, ambíguo, contingente do que parecia concebível há dez anos. Como uma vigorosa advertência das fortes e sob certos aspectos soberanas obrigações morais que se impõem a sociólogos e estudiosos no mundo contemporâneo, mantém sua validade". Estamos lendo Hermínio Martins, em seu sempre lembrado artigo de 1974 sobre "Time and theory in sociology". Quatro décadas após, esse texto mantém-se tão válido, na sua peculiar mescla de erudição, rigor reflexivo e atenção moral (e o mundo, tão indeterminado e ambíguo) quanto o livro de seu mestre Ernest Gellner a que se refere. Curioso, no caso, é que exatamente aquilo que mais interessava a Hermínio no trabalho de Gellner, que é a ênfase na ruptura temporal para caracterizar o mundo moderno, já não tem tanto peso no pensamento social contemporâneo e cedeu lugar a temas como o da multiplicidade. Nos anos 1970, entretanto, estávamos no momento de Bachelard, de Kuhn, de Althusser, enfim, na época daquilo que Hermínio chamaria de "cesurismo" para caracterizar a ênfase na descontinuidade e na ruptura. Descontado esse pequeno descompasso, o artigo convida à leitura com tanta força quanto na origem, no mínimo para nos fazer lembrar do arraigado vício na sociologia, de praticar uma espécie de cesurismo doméstico e continuamente agir como se o mundo tivesse que ser recriado do zero em cada década.

Quem ainda lê Parsons, perguntaria Spencer se tivesse oportunidade. Pois o severo exame crítico ao qual Hermínio submete a tese da incapacidade da análise estrutural-funcional de tratar da mudança e, por extensão, do tempo, sugere mais cuidado na avaliação. Na realidade, sustenta Hermínio, a negligência em relação à mudança em sociedades (em contraste com mudanças no seu interior) é mais nítida nas correntes microssociológicas que então se apresentavam como alternativas ao paradigma funcional do que neste. "O traço mais incisivo da situação corrente da teoria sociológica da nossa presente perspectiva é a manifesta ausência de preocupações temporais ou consciência histórica, ou pelo menos a ausência de qualquer 'salto quântico' visível no nível da teorização diacrônica comparada com o funcionalismo clássico diacrônico ou acrônico".

Pois bem, minha preocupação aqui, no esforço para fazer justiça ao texto de Hermínio, consiste em retomar seu cuidado com a dimensão temporal na análise social. Ainda que venha a seguir outros rumos, meu ponto de partida é aquele proposto por ele. A saber, que o cerne da dimensão temporal na análise social se encontra na teoria da ação. A diferença de Hermínio em relação às teorias da ação com perfil individualista consiste em que ele desconfia de teorias que, em contraste com a "teoria geral da ação" na sua versão parsoniana (embora ele próprio não a esteja advogando) propõem de algum modo a ideia da redutibilidade dos sistemas a modalidades de orientação individual da ação. Na acepção mais ampla adotada por ele, porém, o esquema meio-fim constitui o cerne de quaisquer teorias da ação. Até porque em todas as suas variantes impõe-se a consideração do tempo, no mínimo porque "o propósito é por definição orientado para o futuro". No conjunto, "o esquema meios-fins pode oferecer, e oferece, um ponto chave de entrada para a análise de estruturas temporais da vida humana, e mesmo uma alavanca para a temporalização da nossa visão da conduta humana. É, portanto, nessa área e nesse nível e não simplesmente no nível da 'historia' [...] que questões de temporalidade devem ser discutidas", como alternativas ao behaviorismo, ao fisicalismo e ao reducionismo. Na mesma linha de argumentação, "sem ir tão longe ao ponto de fundar a existência humana na temporalidade, poderíamos nos inclinar a aceitar que em qualquer tipologia sistemática de orientações de valor, visões do mundo, formas de vida etc., traços temporais seriam eminentemente dignos de consideração como veículos ou ingredientes de definições das situações culturais alternativas. Contudo, nem no esquema de pattern variables nem em outros esquemas de orientações alternativos encontramos papel central para orientações temporais". Neste ponto um parsoniano renitente poderia encontrar um traço excessivo de severidade e assinalar que, bem vistas as coisas, as pattern variables ("variáveis de parâmetro", na tradução adotada por José Maurício Domingues no livro que dedicou a Parsons) envolvem uma dimensão temporal. Ela se encontra no seu cerne mesmo, ao se comporem de sequências ordenadas de escolhas entre alternativas de orientação da conduta como "universalismo versus particularismo", sem as quais a interação não teria como ocorrer.

Curiosamente, Hermínio examina com considerável cuidado a teoria estrutural-funcional na sua vertente parsoniana, mas praticamente não dá atenção a autor em relação a quem exibe afinidades intelectuais muito maiores. Refiro-me a Robert Merton, o mais refinado e erudito representante da sociologia acadêmica norte-americana na sua época e, coisa a se reter, também dotado de fino senso de humor. Pois é Merton, ainda na condição de jovem colaborador do exilado russo Pitirim Sorokin, ao qual Hermínio concede justa atenção (como, ao seu modo, já fizera Lênin, ao consagrá-lo em um dos seus escritos de ocasião, quando, de passagem, lhe recomendava partir logo para o exílio, já que na terra da revolução ninguém sentiria falta dele), que participa do importante artigo de 1937 na sobre "Social time: a methodological and functional analysis" na *American Journal of Sociology*. O propósito do artigo soa modesto, mas os autores insistem em que a questão vinha sendo negligenciada. Trata-se de "alargar o conceito de tempo para incluir o conceito de tempo social". A posição adotada também pode soar familiar aos nossos ouvidos. "Todos os sistemas temporais podem ser reduzidos à necessidade de prover meios para sincronizar e coordenar as atividades e observações dos membros do grupo. O sistema temporal local varia de acordo com diferenças nas funções e atividades dos diferentes grupos. [...] Como o ritmo das atividades sociais não é o mesmo em diferentes grupos ou no interior da mesma sociedade altamente diferenciada, os sistemas locais de contagem de tempo deixam de ser adequados". Daí, escrevem, o impulso para a adoção de "sistemas temporais astronômicos", baseados num tempo abstrato, linear, indiferente aos múltiplos ritmos e andamentos do mundo imediato. Disso deriva a tese básica: "O tempo astronômico, como uma espécie de 'esperanto temporal', é um emergente social". O importante nessa referência a sistemas de tempo linear e abstrato, para além da ênfase na sua condição de resposta social a necessidades da vida coletiva, consiste na atenção que emprestam, por contraste, à diversidade de ritmos e pulsações na vida social, ao caráter não linear daquilo que é tomado como tal estritamente para fins de coordenação de atividades. Sem recusar o caráter objetivo e "funcional" que assume o tempo "astronômico" na observação e na medida precisas, os autores não deixam de lado que por baixo disso pulsa algo mais diferenciado, que no devido momento virá a exigir atenção.

Para caminhar no sentido da posição que pretendo propor, entretanto, é mais conveniente recorrer a uma variante da teoria da ação que não parece ser do especial agrado de Hermínio. Trata-se da vertente "fenomenológica" apresentada por Alfred Schutz na sua copiosa obra. Não será, porém, diretamente pela perspectiva à qual aquele filósofo e teórico social está mais associado que ele será importante aqui. Nem, tampouco, naquilo que mais poderia aproximá-lo de Hermínio, que é a sua ênfase na ideia de que, diversamente do que Weber parecia pensar, os tipos construídos pelo cientista não são obtidos a partir de alguma matéria social em estado bruto, mas constituem tipificações de segunda ordem, que incidem sobre as construções já feitas pelos agentes na sua vida corrente. "O mundo social é constituído pelas significações simbólicas e tipificações dos atores dentre dele", escreve Hermínio, para disso retirar a muito importante conclusão de que "o mundo social é forçosamente um modo de pesquisa de segunda ordem". Ou seja, não há acesso direto e imediato à vida social, a pesquisa necessariamente será indireta, atenta aos múltiplos passos significativos na aproximação de um objeto que resiste a ser objeto. Neste ponto, entretanto, interessa mais a contribuição de Schutz em momentos importantes da sua fase produtiva norte-americana, nos quais se aproximou do pragmatismo (embora com reservas que aqui não importam), com elaborações muito expressivas da tese das "múltiplas realidades" sociais, cada qual com seu próprio "estilo temporal". Vejamos Schutz escrevendo em 1945 sobre "realidades múltiplas". "Trabalhamos e operamos não apenas no interior do mundo como também sobre ele. Nossos movimentos corporais como que engatam no mundo, modificando ou mudando seus objetos e relações mútuas". Nesses termos, "pode-se sustentar que um motivo pragmático governa nossa atitude natural em relação ao mundo da vida cotidiana". E, se considerarmos o wide-awake self, o eu envolvido com atenção máxima no mundo no esforço de na realização do seu projeto levar adiante suas ações (seus atos, na linguagem de Schutz), veremos que ele, na sua atividade (in its workings, escreve Schutz), obtém efeito importante. Ao assim atuar, "integra seu presente, passado e futuro numa dimensão específica do tempo e se realiza como totalidade nos seus atos de trabalho". É nesse sentido, sustenta Schutz, que "o mundo das nossas atividades, dos movimentos corporais, da manipulação-o de objetos e de tratar de coisas e pessoas constitui a realidade específica da vida cotidiana". Temos um interesse eminentemente prático no mundo, escreve ele. Com uma restrição importante, contudo: "Não estamos igualmente interessados em todos os estados do mundo da atividade. A função seletiva do nosso interesse organiza o mundo em ambos os aspectos – como espaço e tempo – em estratos de relevância maior ou menor".

Essa última frase merece atenção especial, ainda que isso represente uma espécie de digressão com relação ao nosso tema central. Claro que esse tema central é contemplado pela referência à organização das dimensões de espaço e tempo consoante as configurações de atividades na vida social corrente. Retenhamos isso para exame mais adiante. Neste ponto, porém, importa o tratamento dado à ideia de interesse, uma das mais difíceis do pensamento social, tal como a sua congênere, de vontade. Interesse, desde sua origem na linguagem jurídica e comercial (até hoje, em língua inglesa) se referia ao pagamento, na forma de juros, de avanços (outro termo expressivo) em dinheiro para o interessado. Envolve as ideias de ganho e vantagem, mas vai além disso, ao se revelar termo especialmente saturado de referências temporais. Trata-se de intrincado entrelaçamento do passado (como necessidade e capacidade de retorno), com o presente (como busca de vantagens e como ganhos – de intervalo temporal, em especial) e, finalmente, como projeção no futuro (como planos, projetos e eventuais ganhos ou perdas). Por esse ângulo, o interesse aproxima sem unir, literalmente interpõe-se nas relações sociais, envolve intrinsecamente poder e dominação. (Max Weber, o grande interlocutor de Schutz, percebeu isso: na base da dominação está a capacidade de apropriação exclusiva de recursos escassos). Mais adiante, ao longo de um processo que eu não saberia reconstruir, a noção de interesse ampliou seu escopo e ganhou significado mais complexo. Passou a incorporar a ideia de atenção concentrada e, por extensão, de preferência ou fundamento de decisão. Schutz recorre a essa segunda acepção. Ao assim proceder, apanha aspecto fundamental da ideia quando fala da sua "função seletiva", de algum modo associando nisso organização e seleção (pelo ângulo da relevância, um dos seus grandes temas).

A organização do tempo e do espaço sociais mediante processos seletivos é realmente uma grande ideia. (Ela talvez até permita lançar uma ponte entre as considerações relativas à análise social e aquelas, bem mais ambiciosas, que dizem respeito à dimensão temporal na escala cósmica mais abrangente, tal como vêm sendo elaboradas pelo físico Lee Smolin e o filósofo Roberto Mangabeira Unger em torno da questão do caráter "histórico" do cosmo e da pergunta sobre por que tais leis – mutáveis e evolutivas, na sua concepção – o regem e não outras). Na perspectiva social ela ganha densidade na referência a uma dimensão importante como a do interesse. O ponto decisivo, entretanto, consiste na ênfase "pragmática" que dá o tom dos argumentos de Schutz naquilo que nos importa. (Pragmatismo, diz Schutz. Isso adverte contra tomarem-se suas reiteradas referências a "trabalho" ou a "atos de trabalho", working acts, de modo a conduzir esse simpatizante da versão mais subjetiva da escola econômica austríaca às cercanias de Marx). Há trabalho, há tensão, há atividade e mobilidade envolvidos, não só na vida social sem mais, mas na sua organização em suas dimensões básicas, espaciais e temporais. O tempo incorpora tensão, trabalho, energia. E o faz de maneira especial, só sua.

Essas considerações nos conduzem ao ponto central da proposta de estudo do tempo social que aqui se apresenta. Para sua exposição o melhor meio consiste em trazer ao debate a imagem evocada em 1927 pelo astrônomo Arthur Eddington para tratar da questão do caráter orientado da dimensão temporal: a "flecha do tempo". Embora sejam relevantes para desenvolver as considerações que apresentarei em seguida num registro muito mais metafórico do que rigoroso, não me arriscarei aqui a sequer invocar temas retirados da termodinâmica para o exame da organização (para além da orientação) do próprio tempo. Aqui só importa salientar que evitarei cair no senso comum extremado, de supor espaço e tempo como "ambientes" de objetos e eventos. Isso no sentido de que, assim como o espaço não é "onde os objetos estão", e sim a própria distribuição dos objetos e das relações entre eles, o tempo não é "onde os eventos se dão", e sim a própria distribuição dos eventos e das relações entre eles. Não são, portanto, eles próprios "objetos", reais ou não, mas condições objetivas ou critérios para se falar de objetos e eventos, na perspectiva da sua organização interna e das suas relações externas. É nessa perspectiva que se torna possível, por exemplo, não conceber a história como mero fluxo de eventos e sim, no sentido mais forte da expressão, como *tempo socialmente organizado.*

Qual é, afinal, o meu argumento? É simples e, no entanto, tenho a convicção de que pode sustentar um fecundo programa de pesquisa. Formulado nos mesmos termos metafóricos, é o seguinte. Aceitando-se a concepção geral da "flecha do tempo", é preciso mudar a perspectiva e *não mais concentrar a atenção na trajetória da flecha, mas na vibração do arco.* A ideia é que aquilo que definimos como tempo não está contido no equivalente a uma linha que descreve uma trajetória (mais precisamente, um vetor), nem se mede nesses termos. Neste ponto uma intuição dessa figura notável que foi Charles Sanders Peirce pode ser de grande valia. Falando, é verdade, de outra questão, relativa ao caráter falível do conhecimento científico e da argumentação racional, ele propôs tratar aquilo que se concebia como "fundamento" (no nosso caso, seria uma "linha" contínua) de modo diferente, como "cabo". Vale dizer, como objeto extenso, mas não simples: como entrelaçamento de numerosos fios com características próprias. "Deveríamos crer mais na multiplicidade e variedade dos argumentos do que no caráter conclusivo de qualquer um deles", escreve Peirce em texto que recolhi no livro de Richard J. Bernstein *The New Constellation*. E, já no ponto que mais importa aqui, prossegue sustentando que o raciocínio "não deveria formar uma cadeia que não é mais forte do que seu elo mais débil, mas um cabo, cujas fibras podem ser as mais tênues, desde que sejam numerosas e intimamente conectadas o suficiente".

Um cabo, não mera linha. Isso é fundamental. É a vibração da fibra do arco que se transmite à flecha, e é a composição e o entrelaçamento dos seus diversos filamentos, do mais delicado ao mais sólido, que imprimem um timbre ao movimento todo. Em termos de tempo social isso significa dizer, por exemplo, que a vibração (a temporalidade, ou resultante de um conjunto de temporalidades) da corda de um arco composta por fios como interesse, eficiência, controle, domínio e ganho é diferente daquela que resulta da composição de memória, deliberação e compartilhamento. Isso não impede que, no limite de condições (históricas) específicas, a corda composta possa ficar reduzida a um fio simples ou a um conjunto homogêneo. Talvez seja essa a tendência na fase atual do capitalismo, quando as múltiplas formas do trabalho são deslocadas do centro do sistema para ceder vigência a um grande jogo com regras cada vez mais estreitas e estritas. Seria interessante especular como isso afetaria um dos pontos centrais da contribuição de Marx, que inovou precisamente ao introduzir na análise a ideia de que o importante não é a mera produção, e sim o modo como ela se organiza historicamente, junto com a ideia que aqui está sendo invocada, a de que não se trata de mero trabalho, e sim de tempo de trabalho.

A expressão tempo de trabalho nos recoloca no cerne das presentes considerações. Nas cogitações de Alfred Schutz a ênfase se dirigiu àquilo que ele chamava de componente pragmático da sua concepção da presença de sujeitos portadores de atos de consciência no mundo da vida social corrente. Básico nisso, sustentava ele, são os *working acts*, os atos de trabalho, pelos quais, enfrentando resistências, os conteúdos de consciência e os correspondentes gestos motores "engatam" os agentes nos múltiplos mundos sociais, com suas configurações e seus estilos de tempo específicos. Transpondo-se isso para a concepção aqui defendida, torna-se possível dizer que é o trabalho, a atividade socialmente orientada, que permite distender o arco e fazê-lo vibrar na imposição de movimento à flecha. Já foi lembrado o autor que, muito mais do que seu antípoda Schutz, poderia ajudar na formulação da presente proposta de estudo. Trata-se, é claro, de Marx, ainda mais quando tomado pelo ângulo da linguagem com a qual pretensamente "flertou" no seu exame do capital. A dialética possivelmente nos oferecesse todos os elementos para levar adiante a empreitada que aqui apenas se anuncia. Certamente não será nestas anotações que tentarei essa proeza. Só lembrarei que, a despeito da imensa contribuição de Marx ao falar de modo e tempo na caracterização da configuração histórica capitalista, ele caiu na armadilha de ver o tempo somente como medida e não como modo de apresentação e desenvolvimento do objeto. Não se encontra nele, pois, a ideia de algo semelhante a um modo de tempo capitalista, a uma *Zeitweise* junto com a *Produktionsweise*. Talvez seja querer muito, mas ajudaria a pensar modo e tempo para além do plano da organização e da medida. Entre o trabalho, a energia socialmente organizada, e o produto configurado está algo infinitamente leve e, contudo, poderoso, a vibração do arco que é transportada pela flecha temporal e anima, informa no sentido mais forte do termo o produto resultante. (Cabe lembrar, sem explorar o tema neste ponto, que o elo entre ambas as dimensões é dado, em estreita consonância à intuição marxista, pela história, o tempo socialmente organizado. Trabalho e história; energia e tempo, ambos socialmente organizados. Eis aí um interessante quarteto). No capitalismo avançado o tempo tende a se desvincular do complexo trabalho-exploração, um pouco como ocorre na separação do valor de troca em relação ao valor de uso. Nesse processo, move-se rumo a padrão marcado por regras rígidas de curtíssimo prazo, literalmente na forma de jogo na sua variante de índole "especulativa" (termo temporal por excelência, mescla de aposta no futuro e presente absoluto). Tudo se dá como se a flecha ganhasse voo próprio e entrasse em trajetória inercial, linear. No século XIX o historiador conservador Burckhardt temia o advento dos "terríveis simplificadores". Mas é o capitalismo o grande simplificador. É ele que leva o tempo multidimensional a se converter não só em linear como em pontual, com pulso em constante aceleração. (Difícil não conceber, neste ponto, a imagem da célebre "crise final" do sistema na analogia com a fibrilação). Uma consequência imediata disso é o aumento da sua distância em relação aos agentes sociais envolvidos, numa alienação real, que não é perda de alguma essência, mas expropriação da experiência.

Tendo invocado Marx, o severo crítico dos utópicos de toda estirpe, talvez possa reservar um pouco de atenção a um deles, não isolado, mas junto com homônimo seu. Faz sentido essa associação, aliás, pelo que diz do pensamento novecentista, nos modos polares como ambos tratam de duas questões centrais do seu século, a da organização e a do controle. Refiro-me a Charles Fourier, o homem dos falanstérios, e a Joseph Fourier, o matemático querido pelos engenheiros. Victor Hugo é severo com o segundo e exalta o primeiro: "Il y avait à l'Academie des sciences um Fourier célèbre que la posterité a oublié, e dans je ne sais quelle grenier un Fourier obscure dont da posterité se reviendra". Não sei se o simpático Charles é mais lembrado hoje do que Joseph (embora o matemático Jean-Pierre Kahane, de quem recolhi a referência a Hugo, não deixe de observar que em Paris se encontra uma rua Charles Fourier, mas se procurará em vão a rua Joseph Fourier). O fato é que um autor que nos lembra de que a análise matemática "aproxima os fenômenos mais diversos e descobre analogias secretas que os unem" e usa isso para deter-se sobre a noção de fluxo e para examinar vibrações de corpos sonoros, oscilações de líquidos e excitações de estado talvez também tenha como contribuir, diretamente ou pelos desdobramentos das suas pesquisas, no desenvolvimento do nosso tema (pelo menos enquanto a água salobra dos mares não se converter em limonada por obra do seu homônimo). Admitamos, como também lembra Kahane, que uma contribuição central de Joseph (as chamadas séries de Fourier) já havia sido antecipada por Daniel Bernoulli, exatamente no estudo das cordas vibrantes. A nós importam aqui os Fourier (na verdade, no que diz respeito a mim fico com ambos, descobridores, cada qual ao seu modo, de relações insuspeitadas).

Não pretendo sugerir aqui algo tão ambicioso como a análise matemática daquilo que apreciaria designar como feixes temporais. Trata-se apenas de sugerir que instrumentos analíticos para avançar no tratamento do tema são perfeitamente concebíveis, desde que se possam construir procedimentos que permitam enfrentar o ponto no qual referências empíricas poderiam ser obtidas. Tais procedimentos envolveriam a identificação da composição desses feixes nos seus conteúdos sociais, na forma de atitudes, preferências, interesses e assim por diante. Avanços no estudo dos processos de informação (no sentido forte, de imposição de forma a conteúdos) poderiam nos auxiliar nisso.

A consideração do tempo como feixes temporais suscita uma questão muito instigante. Trata-se da caracterização de processos temporais pela perspectiva da sua modulação. Ou, em registro semelhante e igualmente atento ao entrelaçamento das diferentes notas temporais em cada caso (em cada momento), pelo ângulo da mescla bem-sucedida, do seu "temperamento". Quem avança muito nesse sentido, embora não com o mesmo tipo de preocupação como aqui, é o filósofo italiano Giacomo Marramao, em seu belo livro *Kairós – Apologia del tempo debito*. Após argumentar a favor de uma "reabilitação do espaço" (visto que não há experiência temporal possível fora de um "cenário", para usar termo da experiência teatral do autor), Marramao procede a uma pesquisa etimológica em busca da origem do próprio termo, pelo viés do latim *tempus*. O resultado é fascinante. O ponto de partida é dado pela circunstância de que as línguas latinas reservam um único termo para duas ordens de fenômenos que o inglês e o alemão separam, com palavras como *time* e *weather*. A pergunta sobre "como está o tempo hoje" não faz sentido nessas línguas. Disso Marramao retira grande rendimento, ao mostrar que essa aparente insuficiência esconde uma concepção matizada do fenômeno. Baseado em pesquisas do linguista Emile Benveniste, sugere que o termo tempus oferece grandes dificuldades etimológicas por resultar de uma abstração de termos que lhe são anteriores embora pareçam derivados seus, como tempestas (de onde: tempestade e tempestivo), temperatura, temperare. Com isso o termo tempus se revela compósito, remete a uma mescla de elementos heterogêneos. O mesmo Benveniste permite-nos chegar ao ponto culminante da argumentação. Examinando a etimologia do grego *kairós*, que designa o tempo oportuno, o tempo certo, "devido" na formulação de Marramao, ele encontra uma raiz indo-europeia que precisamente remete a misturar, temperar. Kairós, o tempo devido, é então intrinsecamente uma mescla. A questão decisiva é a do "tempo bem temperado", poderíamos dizer. Não poderia haver melhor contribuição para a posição que aqui venho defendendo, a do tempo como feixe vibrante de impulsos diferenciados, em relação ao qual importa encontrar em cada momento a boa mescla, a temperatura certa, a tonalidade devida.

A ideia de feixes temporais me parece uma proposta fecunda. Dada a sua perspectiva própria, a de que importa mais a vibração do arco do que a trajetória da flecha e que esse vibrar, do qual a flecha é portadora, é função da composição da corda do arco e do trabalho na sua tensão, ganha densidade a noção do tempo devido, do momento propício a que alude Marramao. Temos aí, ao lado daquilo que ele designa como reabilitação do espaço (o que envolve eliminar as posições puramente subjetivas dos processos temporais em nome de durações ou estados de consciência, e propicia uma análise social com fundamento objetivo), uma reabilitação, em registro tenso, do momento presente. Este se apresenta como ponto de convergência, algo como um atrator, dos valores das múltiplas medidas de feixes temporais. É o instante (aquilo que aí está), fugidio, evanescente, nunca inteiramente realizado (nada de muito novo nisso: Aristóteles já o dizia com todas as letras, como firma Marramao). A mescla adequada da ideia grega de medida com a do ponto culminante, o escaton judaico-cristão. Enfim, a síntese impossível de passado e futuro, dimensões que na realidade se fundem nisso que venho designando como vibração ou pulsação, que desemboca na noção de kairós.

Num ensaio incluído na sua coleção de texto *Signes*, Merleau-Ponty narra um encontro entre Bergson e Einstein numa reunião de filósofos franceses. Ambos não conseguem se entender e, no final, Einstein constata, não sem uma ponta de impaciência, que realmente "o tempo do cientista não é o tempo do filósofo". Conclusão inaceitável para Merleau-Ponty, que vê nisso mais um sinal da crise da razão. De fato, não se pode conceder essa conclusão fatigada. É por isso que todo esforço, em todas as áreas do conhecimento em conjunto, para uma concepção mais matizada e generosa do tempo (e da sua outra face, o espaço) é uma exigência constante, em busca do momento devido para sua realização.

O TEMPO E O MODO

MATRIZES DA DIALÉTICA MARXISTA

[Exu] mata um pássaro ontem
Jogando uma pedra amanhã

Pôr em movimento as relações petrificadas. Essa exigência do jovem Marx em 1843 resume todo o programa teórico e prático da dialética, como ele a praticou ao longo da sua vida. Tal é o lema básico das presentes anotações. Questionam elas o modo de conhecimento e de orientação prática envolvido nessa exigência. É verdade que essa formulação preliminar encerra problemas e armadilhas de toda sorte. Não é segredo que esse modo de pensar foi ao mesmo tempo fonte de inspiração e de embaraço para Marx. Tanto que em mais de uma ocasião ele não mediu esforços para "esconder" essa linha do seu pensamento, como sugere Reichelt (2011)[1]. Não é o caso, aqui, de entrar no debate sobre a presença de Hegel na obra de Marx (embora uma pequena nota no final faça alusão a isso), tampouco de seus outros "namoros" com temas novecentistas como o evolucionismo, nem sobre a presença de Engels na sua obra. Cabe tão-somente lembrar como em Marx convivem de modo inseparável e tenso, duas almas (para evocar belo título de livro de Gildo Marçal Brandão sobre o partido comunista brasileiro). Ao Marx refinado dialético responde o Marx duro militante, e nem sempre as duas faces convivem pacificamente. Dizer isso já envolve restrição ao alcance daquilo que aqui se propõe. O Marx preocupado com a intervenção prática no mundo fica aqui implícito sem ser diretamente evocado, reservando-se maior cuidado à sua elaboração dos fundamentos teóricos para tanto. Isso é feito sempre de olho no tema central, anunciado no título. Por essa razão não se encontra aqui esforço sistemático de análise metodológica ou exercício filológico de decifração de texto

1 Helmut Reichelt, junto com Hans-Georg Backhaus, é o iniciador na Alemanha da "nova leitura" de Marx, a partir de dois trabalhos seminais: o livro de Reichelt de 1970, agora disponível pela editora da Unicamp, e o artigo de Backhaus (1974) sobre a teoria do valor.

com direta referência a Marx ou ao marxismo, nem debate meticuloso com intérpretes. Esta última restrição aplica-se mesmo aos intérpretes mais importantes, até àqueles brasileiros que há décadas vêm dando contribuição de relevo na área. Ao mesmo tempo, fala-se em marxismo, em teoria crítica e na questão do tempo, contudo mal se reserva uma palavra a Walter Benjamin ou a Ernst Bloch, nem, no Brasil, para Paulo Arantes. O uso da bibliografia limita-se a algumas referências indispensáveis à argumentação em cada passo. Nesse sentido é proposital o uso, nas escassas citações do *Capital*, de antiga edição de 1957, em homenagem às edições populares da Dietz Verlag disponíveis durante décadas.

Trata-se de tentativa (nesse sentido, ensaio) de caráter estritamente exploratório. O tema inspirador é outro. Busca-se reunir elementos, e não mais do que isso, que permitam sustentar estudo mais rigoroso da (fundamental, no meu entender) contribuição possível da dialética de inspiração marxista em área que também reputo fundamental e urgente. O objetivo mais fundo consiste em contribuir na construção de bases para o estudo adequado ao nosso tempo dos modos de experiência social. É essa última referência que realmente me move. Nesse ponto defendo posição clara no contraste entre dois grandes mestres.

Entre Lukács, que aposta tudo na consciência e na organização da classe, e Adorno, para quem a preocupação fundamental consiste na crítica das formas de experiência social dadas e na busca de novos conteúdos para elas, fico com o segundo como mais relevante para as condições contemporâneas do mundo.

No tocante a Marx, a atenção concentra-se em dois grandes aspectos da sua obra, as referências ao modo e ao tempo, que eu gostaria de ver associadas de maneira semelhante a modo de produção, como modo de tempo (como se ele falasse de algo como *Zeitweise*). Faz parte do argumento central afirmar que essas duas categorias impregnam todo o seu modo de pensar. A começar, claro, pela fórmula que liquida de antemão todo economicismo, quando Marx não fala de produção sem mais, porém de modo de produção. Por isso mesmo essas ideias não são tematizadas por ele e nem sempre estão à vista, formam o "éter" (para usar expressão sua) no qual tudo se move.

A posição a ser defendida aqui é que o termo *tempo* se refere a algo muito mais importante e muito mais fundo do que a mera duração ou sequência dos eventos, enquanto *modo* não se reduz a referência caracterizadora (algo que poderia justificar a observação de Max Weber, de que Marx operaria com tipos ideais). Modo é condição material de possibilidade para falar daquilo que (literalmente) modifica, como se dá na expressão "modo de produção", sem a qual o termo "produção" fica entregue ao isolamento e à abstração. Constitui uma espécie de "transcendental material" – e a ressonância kantiana, por imprecisa que seja, não é gratuita. A dialética marxista não deve só a Hegel como também a Kant, como já sustentou entre nós Wolfgang Leo Maar, junto com seu mestre alemão, Oskar Negt. Por detrás disso tudo está a ideia de que a dialética é, no sentido mais rigoroso do termo, uma teoria da informação. Uma teoria da imposição de forma à matéria e da peculiar dinâmica da reiterada conversão da forma em matéria para o engendramento de nova forma. Dinâmica essa que, mais do que qualquer outra coisa, justifica falar em materialismo com referência a esse modo de exposição, desde que se entenda matéria não como dado bruto, mas como dimensão substantiva, condição real e objetiva para a constituição de formas efetivas, aptas a se encadearem na reiterada referência a ela. Um peculiar materialismo esse, em que, para se impor como lhe cabe, a materialidade dos processos sociais se apresenta de maneira cada vez mais imaterial, etérea, como que fantasmagórica.

Forma e resistência

A questão de fundo é a do *modo de imposição de forma*. Ele envolve algo fundamental, que é a resistência a essa imposição, junto com os limites que opõem uma à outra forma e matéria (que no processo nunca se completam plenamente, sempre se encontram intimamente entrelaçadas em fases de formação e de objetivação, permutando a condição de constituída e constituinte). Resistência mediante a qual a oposição entre ambas se resolve em seguidas metamorfoses, nessa peculiar espiral do movimento dialético, sempre com a memória da relação original, do momento determinante do processo todo, sem jamais perder-se nele. Sustento aqui que o fio que percorre toda essa dinâmica e entrelaça seus momentos componentes concerne à natureza e ao papel da dimensão temporal.

Comecemos por um exemplo dos problemas a enfrentar, numa formulação de Marx ao iniciar o tratamento do processo de trabalho no primeiro volume do *Capital*. "Durante o processo de trabalho este se converte constantemente da forma da inquietação naquela do ser, da forma do movimento naquela da condição objetiva", escreve ele (1957, p. 197). Deixando-se de lado as ressonâncias da inquietação como negatividade solta e do ser como determinação inicial em busca de desenvolvimento, que fazem a delícia dos adeptos da dialética, essa passagem permite vislumbrar nossas questões centrais. De início o trabalho é pura inquietude, energia pulsante. É ao longo do processo de intervenção intencional nas coisas que ele vem a se ver propriamente como tal. Passa da forma inquieta, do mero movimento, para a forma descansada da objetivação, da condição que lhe permite gerar efeito próprio, determinado. E esse efeito é nova forma, que, longe de ser secretada sem mais pela matéria, nela impõe seu timbre e dela destaca o produto como produto. E o destaca para introduzi-lo num processo, numa espécie de reviravolta do seu próprio andamento. Pois a energia da pura mobilidade encontra seu ponto de repouso no preciso momento em que converte a matéria natural inerte destacada (abstraída) do seu meio, literalmente elaborada, em algo novo: em parcela movente, já agora envolvida num desenvolvimento não mais natural, mas social. (Enquanto isso, o "descanso" do trabalho objetivado suscita o efeito ideológico básico da ocultação da condição do produzido sob a aparência de original).

Nessa espécie de transmissão de mobilidade (não mais como mera agitação, inquietação, mas como tempo social, lapso dotado de sentido) em que ambos os termos se transfiguram encontra-se momento importante da relação dialética. E esse resultado do processo, por ser social e, por conseguinte, encerrar significado desde o primeiro alento, exibe traço que se revelará fundamental. É que o trabalho, como adverte Marx, conserva-se no resultado, não se perde, demora-se nele. E disso resulta ponto fundamental para o nosso tema. Não é o trabalho sem mais que se conserva no resultado, na forma de produto. É a própria inquietação matriz, é o movimento mesmo que se insinua de algum modo na coisa produzida. E não é sem mais que se impõe pela forma, e nela se conserva. Pois, como acentua a presente linha de argumentação, há uma resistência envolvida nesse processo, como de resto em qualquer processo dialético. E essa resistência é móvel, não cessa de reproduzir-se em cada momento percorrido, sempre sob novas formas. A tensão inerente a esse movimento é bem real, os andamentos e deslocamentos não se fazem sem esforço e nunca são lineares. A referência marxista ao trabalho vai muito fundo.

Por outro lado, a ideia mesma de produto (como a palavra *produção* já indica, ao aludir a uma condução para adiante) permite introduzir o outro grande tema, o do tempo. O resultado de trabalho já posto como integrante da vida social, na condição de objeto diretamente fungível no uso ou disponível para troca que resulta da atividade direcionada, já assinala como aquilo que vem a se apresentar como produto é unidade tensa, vibrante. Simultaneamente ele se volta para trás (o momento passado da produção) e para frente (o momento futuro da realização, imediatamente no uso ou diferido na troca). Há nisso um movimento, em configurações que em cada caso requerem decifração. Isso já permite antecipar outro ponto central no meu argumento: o de que o tempo não comparece na exposição dialética como mera medida de duração, mas se insinua no mais íntimo das coisas e das suas relações, que configuram a vida social. Ele as anima, confere-lhes vibração própria e inconfundível, ressoa de múltiplas maneiras no espaço da história da qual é o cerne. Isso se entendermos, como aqui se faz, que história é *tempo socialmente organizado* em múltiplas formas. E essas formas exprimem movimento, que, no caso, não significa mero deslocamento linear de A para B, mas tensão interna ao objeto pronto a se metamorfosear, prontidão criativa para o novo e emergente, enfim.

Modo de produção concerne à condição prévia que deve ser satisfeita para que sequer se possa falar de produção de maneira não formal ou abstrata. Com conteúdo histórico, portanto, desde que se entenda história como foi proposto acima, como movimento cuja matéria é o tempo e cujos agentes são pessoas associadas, e não como relato bem ordenado de sequências de eventos ou de configurações. Por isso mesmo, modo não é categoria originária na exposição do objeto de estudo de Marx, não há como iniciar por ele. Mas também não há como dispensá-lo, ainda quando inicialmente implícito, ou em um ou outro ponto até explícito, como quando Marx fala de "modo de trabalho" (1957, p. 48), em contexto no qual o termo alude mais propriamente ao agenciamento de material, meios de trabalho e trabalho em processo produtivo. Faz isso para acentuar diferenças qualitativas em diversos processos de trabalho. Destarte já nos adverte de que modo é, sim, modal, tem a ver com qualidade da própria coisa, se não se quiser ficar preso àquele dado da aparência imediata do qual se trata de partir quando se defronta o capitalismo, a mercadoria sem mais. Pois cumpre demonstrar desde logo que não há mercadoria, nem objeto algum no território demarcado pelo capital, que exista sem mais, como dado nu. É dessa circunstância elementar que o termo modo adverte sem trégua. Ainda mais quando não é a mera produção nem o trabalho puro e simples, e sim a forma específica de constituição da sociedade moldada pela prevalência do capital que cabe explicar.

Do resultado ao produto

Originário (na medida em que se possa usar esse termo) é o trabalho, que, à semelhança do incesto lévi-straussiano instalado na confluência de natureza e cultura e estabelecendo a distinção entre ambas, está na exata passagem entre a natureza e a organização e reprodução da existência social. Importa o modo de exercício da capacidade de trabalho humano (que, como tal, é somente isso, capacidade difusa, sem caráter, mera energia) nas condições históricas que interessam. Adotando-se a metáfora "orgânica", ou "sistêmica", de que se vale Marx quando fala, por exemplo, de "totalidade orgânica", o trabalho apresenta-se como "célula" básica do processo todo (mas o termo pode ter outra denotação, temática em vez de orgânica, com o que se aproximaria da linguagem musical, que parece especialmente adequada nesse campo e por isso mereceria especial atenção). Em consequência, para realizar-se como tal nos termos que importam, que são sociais, o trabalho depende do exercício de potencial próprio a ele e ativado naquele específico contexto. Trata-se de exercício com vista a algo mais do que mero resultado, argila que se tornou vaso. Consiste em enveredar-se pelo caminho sem volta que leva do resultado pontual a algo que vai além, produto. O produto é, socialmente, mais do que desfecho pontual de atividade direcionada. E o termo "mais" tem significado sério. Indica que ele vale, permite avaliação para além da mera utilidade. Ademais, enseja nova instância da vida social, aquela que confere qualidade a produtos, permitindo a comparação e o intercâmbio de objetos com notas sensíveis diferentes: o valor econômico, essa inovação histórica desconcertante, que no mesmo passo diferencia quantitativamente e equaliza qualitativamente, abrindo caminho para a incorporação desses traços contrastantes na mercadoria. Chega-se assim a movimento fundamental em processos dialéticos, de desdobramento do objeto em termos polares, que definem modalidades dinâmicas de inserção no processo maior. Assim, o trabalho ganha toda sua densidade ao desdobrar-se em concreto e abstrato, e o valor se põe como tal ao desdobrar-se em uso e troca. É de se suspeitar que nexos temporais tenham algo a ver com isso.

Quanto à produção (tomada aqui como trabalho socialmente organizado que gera valor), na sua condição de portador de modo (que é sempre social), ela vai além do trabalho organizado. Ao gerar valor ela gera a instância que no mesmo passo constitui o trabalho como trabalho (como socialmente relevante) e valida o produto como tal. Mas o alcance da referência à produção vai mais além. Foi dito acima que nela se encerra a outra dimensão fundamental que importa enfatizar aqui. Trata-se da dimensão temporal, que desde logo, como vimos, está alojada no próprio termo, quando alude ao agir prospectivo, antecipação do futuro (como o atento arquiteto de quem fala Marx, em contraste com a diligente abelha). O trabalhador teceu, aquietou-se, encerrou sua parte. O problema é que, nesse passo inicial, tudo se esgota no resultado, tecido pronto para o uso. Nas palavras de grande beleza plástica de Marx (ele teve pouca oportunidade para exercer isso), ainda ao falar do processo de trabalho que se esgota no valor de uso:

> No processo de trabalho efetua-se, então, na atividade do ser humano mediante o instrumento de trabalho, uma modificação de antemão intencionada no objeto de trabalho. O processo extingue-se no produto. Seu produto é um valor de uso, uma substância natural adequada a necessidades humanas mediante mudança de forma. O trabalho combinou-se com seu objeto. O trabalho se objetiva, e o objeto é trabalhado. O que aparecia do lado do trabalhador como inquietação aparece agora como

> propriedade descansada, na forma do ser, do lado do produto. Ele teceu, e o produto é um tecido (1957, p. 189).

Antes desse desenlace (na realidade, prenúncio de novo enlace, já de outra índole) não há impulso intrínseco ao processo que leve o trabalhador a ir além do resultado pontual, no qual seu esforço foi absorvido como nova forma do objeto, do fio ao tecido. Falta a passagem para o momento em que o resultado possa aparecer como produto, como algo que não se esgota nele como mera coisa fungível. Falta o momento em que o processo de trabalho não "se extingue no produto". (Por isso a ousadia de, contra Marx, distinguir entre produto e resultado.) Em suma, o tecido, que é forma trabalhada dos fios, tem que sair de si e por sua vez ganhar nova forma, a de algo que não se esgota em si mesmo, mas vale para outro. Na outra ponta não se encontra o simples usuário inerte, mas o parceiro possível que só ele, embora anônimo, irá consumir (negar o produto, criar um vazio e ser preenchido por outros) e assim dar novo impulso ao processo.

Medida e limite

Estamos diante do produto, enfim, mas já validado como mercadoria pelo valor, se admitirmos, com

Helmut Reichelt (2010), que o valor é mais da ordem da vigência e da validação do que da medida e do atributo da coisa. Aqui entramos no momento da troca, da comparação, da equivalência, da medida. No caso, o momento do valor de troca, que, já no nome, assinala sua dimensão social. De maneira paradoxal, porém. Pois a troca, ao se desenvolver e se multiplicar, afasta um do outro seus agentes, oculta sua face social, numa espécie de socialização torta, anônima, que alcança o seu ápice quando o afastamento, a abstração do processo encontra seu suporte no equivalente universal, dinheiro. Valor que, nos seus desdobramentos, vai caracterizar a dinâmica do processo capitalista, precisamente ao introduzir o dado novo, da medida. E essa se apresenta desde logo numa relação tensa. Num polo, a carência de medida no trabalho marcado pela mera atenção ao resultado imediato e, no outro (concebendo-se esses polos como mutuamente imbricados numa dinâmica tensa de aproximação e afastamento), a atenção ao produto, à troca, ao valor que se expande refugando o limite e aponta para o excesso e a desmedida, marca do processo regido pelo capital, e também da sua crise, como demonstra Grespan (2008). No percurso entre ambos os polos encontra-se a redução do tempo a mera escala de medida da fruição do trabalho alheio.

A presença da medida como condição da equivalência na troca suscita a exigência do limite, enquanto exacerba a busca da vantagem, o interesse como categoria mestra no incentivo à utilização eficaz dos recursos, em especial das assimetrias de poder e controle. Interesse, ou seja, interposição da utilidade. E que não se fale em interesse comum, talvez de classe, pois isso só pode significar paralelismo, múltiplos olhares voltados para o mesmo ponto. A troca aproxima (pela equalização) e no mesmo passo separa (pelas vantagens comparativas), e o valor percorre e unifica proximidade e separação. O limite, nas condições capitalistas de força de trabalho como mercadoria, não pode ser externo ao processo de produção e circulação, tem que estar no seu âmago. Cabe-lhe estar em relação íntima com a própria medida responsável pela equivalência nos atos de troca. E esta, como Marx tanto se empenhou em demonstrar, não pode apresentar-se somente no momento da circulação, já deve trazer consigo sua escala desde a produção. Sua figura específica é a do tempo de trabalho socialmente necessário para a reprodução do seu agente, o trabalhador. Cabe lembrar, a propósito, que não é simplesmente o necessário que está em causa, mas o socialmente necessário, aquilo que não se resume em obediência a algo como uma média socialmente estipulada. Trata-se da reprodução do trabalhador como tal e não mais, não como alguém capaz de eximir-se da venda da sua peculiar mercadoria. Há, portanto, limites à magnitude do salário que decorrem de exigências do processo todo, e não do mero interesse do comprador, e é isso que lhe confere caráter propriamente capitalista. Isso não afeta a relação de exploração (no sentido de vantagem regularmente assimétrica), somente lhe confere caráter de necessidade para a reprodução, não apenas de uma parcela como do sistema todo. Tampouco afeta a circunstância decisiva de que o socialmente necessário, aqui, corresponde ao socialmente imposto, a uma relação objetiva. É também nesse sentido, creio, que se pode ler a observação de Ruy Fausto, feita em outro contexto, de que "o trabalho socialmente necessário corresponde ao tempo que se impõe socialmente determinando o valor – isto é, em primeira instância, os preços. [...] Há um certo tempo social que aparece de maneira mais ou menos modificada nos preços das mercadorias" (1983, p. 126, nota 14).

A ordem do tempo

Essa ideia de um tempo que é social ao se impor na expressão quantitativa do valor das mercadorias, ao lhes imprimir o timbre de coisas permutáveis, é das mais importantes. Aqui o tempo não aparece como mera duração, mas como dimensão que impõe limite às relações constitutivas do processo maior, oferece-lhes régua e compasso para traçarem o campo no qual as trocas são possíveis. Isso permite antecipar ponto fundamental, que mereceria estudo mais demorado. Tal como é entendido aqui, o tempo não é ele próprio duração, sequência ou algo do gênero. É, mais propriamente, modo temporal, que rege múltiplas modalidades de temporalidade ao unificá-las em regimes temporais. Estes, por sua vez, permitem definir sequências, durações, intensidades. A relação do tempo com os encadeamentos de eventos é da mesma ordem da relação do valor com os objetos prenhes de trabalho. No seu caso, consiste em conferir a qualidade de tempo à peculiar vibração interna daqueles produtos. Ou seja, trata-se de fazer valer a ordem do tempo como aquela que de mil maneiras liga o início e o fim, ao pronunciar o que é início e o que é fim.

Por outro lado, importa muito para o nosso tema a questão da escala de medida quando se fala de tempo. Certamente a dimensão temporal penetra mais fundo do que isso, como cabe examinar. Pode-se falar em tempo de trabalho referindo-se ao intervalo entre o início e o fim de uma tarefa. Igualmente válido e com maior alcance é falar-se no tempo do trabalho, com referência ao modo peculiar como essa dimensão da vida humana promove, no seu interior, a distinção que, consoante se sustenta aqui, lhe é específica. Trata-se do confronto, preste a formar contradição, entre *continuidade* e *limite*.

Isso se manifesta de modo mais claro quando examinamos a conformação social do produto. Este, como vimos, já na referência ao ato prospectivo da produção está saturado de tempo. Não só nisso, porém. O produto encerra em si, do modo mais pungente, a tensão entre o que se projeta adiante no momento da produção e aquilo que se apresenta como já realizado, o resultado socialmente reconhecido como produto e entregue à circulação. Continuidade sem a qual ele não se faz, limite sem o qual não encontra forma própria. Tempo presente em estado puro, ou seja, tensão insolúvel entre passado e futuro. Pois, como vimos, Marx acentua que o resultado do trabalho, em contraste com a inquietude que o move, é descansado, em repouso, é puro ser quando se apresenta como valor de uso. Contudo, no mesmo passo em que se torna produto e não mero resultado, carrega consigo o trabalho, a fadiga do trabalhador impregna-se nele. Fundamental, porém, é que essa impregnação vai mais fundo. O produto, já na forma de portador de valor como mercadoria, incorpora não só o trabalho como também a inquietação do trabalho, sua antecipação, sua vibração própria, sua negação da forma bruta da matéria. Ou seja, está prenhe de tempo, não se limita a relacionar-se externamente com ele como escala de medida. São várias as expressões de inquietude do trabalho, conforme o propósito, o material, os instrumentos. Na medida em que o valor de uso se vê na condição de subordinado e não mais como ponto terminal, já no processo de produção e circulação de mercadorias regido pela dinâmica do valor e, com a entrada em cena do capital, da valorização, uma nova exigência se impõe. Para haver medida, comparação, equalização, requer-se um padrão estável, que não pode depender das vicissitudes do dispêndio meramente físico de energia, nem de um tempo avesso à normalização. Neste ponto apresenta-se a ideia de tempo abstrato, vinculado a trabalho abstrato. O tempo linear, homogêneo, normalizado, passa a esconder o múltiplo, complexo, intrincado, embora não o elimine.

Tempo abstrato e trabalho

Tempo abstrato e trabalho abstrato. Tais referências já são familiares na bibliografia. A ideia de que, em analogia com o trabalho, podemos distinguir entre tempo concreto e tempo abstrato está proposta e desenvolvida com mais empenho do que em outros lugares por Moishe Postone, em seu livro sobre tempo, trabalho e dominação social (1993). Impõe-se, pois, exame, ainda que rápido, dessa contribuição. Embora severamente crítico de muitas das suas propostas, Postone está entre os autores importantes nas últimas décadas que explicitamente assimilaram posições da chamada Teoria Crítica da Sociedade, junto, em especial, com autores alemães como Hans-Georg Backhaus e Helmut Reichelt e seus seguidores diretos. Na realidade, foi bastante longe no tratamento dessa linha de interpretação da natureza e das tendências do capitalismo ao longo do século XX, ao não se limitar às teses de Horkheimer e Adorno e enfrentar diretamente as contribuições de autores pioneiros como o economista Friedrich Pollock (com sua tese da primazia do político no "capitalismo de Estado" no nacional-socialismo) e o jurista Franz Neumann (com sua análise clássica da organização e funcionamento conflituoso do regime nacional-socialista no livro Beemoth), chegando até o confronto direto com Habermas[2].

2 Para uma crítica com afinidades à de Postone do tratamento de Habermas a Marx veja-se: Haddad (1999 e 2004). Para uma apreciação geral de Postone, veja-se Camargo (2013).

O ponto no qual a presença da vertente original da teoria crítica se apresenta com mais nitidez na obra de Postone encontra-se na caracterização do capitalismo e daquilo que nele pode anunciar tendência objetiva à sua superação (sua "contradição fundamental"). Para ele o ponto de possível ruptura encontra-se na contradição entre aquilo que o capitalismo seguidamente reproduz como sua figuração efetiva (a prevalência da forma valor) e aquilo que sua própria organização e seu modo de operação igualmente reproduz, como alternativa oculta, embora possível (a superação dessa prevalência). Nesse sentido, caberia, segundo ele, introduzir no vocabulário crítico a ideia de desnecessidade histórica, ao invés da ênfase monótona na necessidade. Tudo isso lembra fortemente certas teses de Adorno. Em Postone aquela ideia de desnecessidade ocupa posição central no argumento. Ela permite sustentar tese básica: a de que tudo aquilo que se manifesta historicamente como específico do capitalismo, como componente seu, lhe é inerente e só tem como se reproduzir no seu interior (e aqui já transparece a tese complementar, de que a análise marxista incide sobre configuração histórica única, embora contingente na sua constituição, na medida em que não resulta da necessidade férrea de algum processo inexorável). Ou seja, o modo de produção capitalista não responde a uma legalidade transcendente que ultrapassa a sua história, mas cria a sua própria história, contraditória e superável embora. Isso se aplica às modalidades de trabalho e de produção, à organização em classes e, sobretudo, ao valor, categoria histórica por excelência, sobre a qual deve incidir o empenho crítico-revolucionário, e não sobre relações de classe, que, por mais que mudem ou mesmo possam se inverter só fazem reproduzir o cerne do processo todo.

A referência às relações de classe permite introduzir neste ponto um tema que ilumina muito da diferença, que Postone se empenha em afirmar, entre sua posição e a do marxismo "tradicional", herdado das grandes lutas sociais do século XIX e primeiras décadas do XX. Trata-se da questão da "inversão". O argumento de Postone é direto e simples. Se uma relação é intrínseca a um sistema e concerne a componentes igualmente próprios a eles, é ela mesma que deve ser alterada se for o caso de mudar o sistema, e não a posição relativa das partes, mesmo quando invertidas. O tema, entretanto, é dos mais fascinantes. Aquela versão deriva de formulação típica de Marx nos seus momentos de impaciência, quando o refinamento analítico cede lugar ao peculiar gosto de usar as ideias como armas. Trata-se da imagem de colocar sobre os pés o que estava de ponta-cabeça. Imagem que não faz justiça a outra, do próprio Marx, sobre inverter a dialética hegeliana para dela extrair o nódulo racional oculto sob o revestimento místico. Em exame do tema, Jorge Grespan vale-se dela para repensar a questão do capital (2002, p. 26-47). Faz isso recorrendo a engenhosa formulação do filósofo alemão Hans-Friedrich Fulda (mestre, aliás, de eminente estudioso brasileiro da dialética, Marcos Müller), segundo quem tal inversão não corresponde a simples troca de posições. Recorrendo ao sentido original do termo alemão, Fulda mostra que esse "inverter" refere-se mais propriamente a "revirar", como se faz, por exemplo, com uma luva ao trazer para fora sua parte interna. Isso é notável. Pois, aqui sim, entra em cena dimensão fundamental de processos dialéticos, que é a dinâmica do interior e do exterior, da internalização e da externalização. Ou, na perspectiva preferida por Grespan, da inclusão e da exclusão e do seu movimento contraditório, que, longe de ser gerado por elas, gera ele próprio tendências opostas. Isso, sempre lembrando-se de que contradição é processo e não estado, e que não é a contradição que mata um processo, mas a sua ausência. (Sobre isso, ver a "Nota sobre Hegel e Marx", no final).

O dado e o possível

Postone fala de uma contradição no capitalismo entre o dado e o potencial engendrado em segundo plano por ele. Esse modo de ver vincula-se à sua caracterização da dinâmica capitalista como uma dialética da transformação e da reconstituição, da contínua mudança na vida social e simultânea reiteração das suas bases capitalistas, numa espécie de movimento de esteira, de progressão que não sai do lugar. O problema, neste ponto, surge ao se invocar a ideia de contradição nesse contexto. Uma interpretação extrema sugeriria que se está afirmando enfaticamente o caráter dialético do processo capitalista como totalidade, e que o capitalismo seria visto no seu desenvolvimento interno como se desdobrando nele mesmo e no seu contrário, no império do valor e na superação do valor como momento determinante. Se adotada, essa posição resulta em variante altamente sofisticada (e, paradoxalmente, avessa a qualquer determinismo histórico) da posição de que a transformação é inexorável e que o capitalismo só faz apressá-la ao acelerar seu desenvolvimento próprio, presa como é de um impulso de produtividade inteiramente à solta, sem controle (outro tema adorniano, assim como é a ideia de uma espécie de adesão compulsiva ao presente nas condições capitalistas). Como essa não é a conclusão que Postone retira da sua análise, torna-se necessário examiná-la melhor. Cabe, neste ponto, conhecer nas suas próprias palavras o que ele entende por capitalismo. Trata-se de uma "forma historicamente específica de interdependência social com caráter impessoal e aparentemente objetivo" (1993, p. 3). Suas bases são dadas pelo trabalho abstrato associado àquilo que denomina tempo abstrato (ambos homogêneos e indiferentes a conteúdos, sejam eles objetos ou eventos) e, como derivado histórico fundamental disso, pelo valor. O termo mais significativo daquela definição é "interdependência". Ele sem dúvida permite identificar nexos e, associado às ideias de impessoalidade e aparente objetividade, abre caminho para a introdução do tema da dominação numa perspectiva precisa, a do seu caráter impessoal, sem agentes discerníveis. É possível, entretanto, que exatamente nisso consista o ponto fraco da construção de Postone. Pois é duvidoso falar em interdependência numa análise que se propõe ter caráter dialético, ou de dominação quando a categoria dialética mais apropriada seria outra (a de subsunção), tudo isso tendo efeitos sobre o uso de mais uma categoria básica, a de mediação. Vejamos isto um pouco melhor.

No conjunto, a argumentação de Postone é engenhosa e inovadora (apesar de críticas às vezes extremadas que recebeu, como a de Jacques Bidet (2015)). É no mínimo instigante a ideia de que o capitalismo produz continuamente a sua "sombra" (a expressão não é dele) e que é essa que importa para quem se empenha em fazer emergir uma configuração histórica alternativa, na qual a "desnecessidade" se faça valer. Alternativa em relação a que? À exploração do tempo de trabalho excedente em relação ao socialmente necessário? À apropriação privada do sobrevalor socialmente gerado? Tudo isso, mas não se limitando a isso. Nisso Postone é radical, e leva ao pé da letra a ideia de que, se o adversário é o capital, este tem que ser visto pelo que é, valor que se valoriza. A raiz do problema está, pois, no valor como categoria histórica específica. Trata-se de ficar atento à emergência de algo que, longe de ser uma necessidade histórica inexorável, pode vir a se revelar como desnecessidade, no duplo sentido de que não há garantia objetiva da sua continuidade nem do seu final. Neste ponto a perspectiva muda. Temos o exato oposto das ideias sobre o caráter inexorável do fim do capitalismo que percorriam as primeiras décadas do século XX. Nisso, põe-se com força ponto de fundamental importância, se a presente interpretação tiver fundamento. Trata-se da exigência, para os empenhados na mudança, de algo como uma prontidão histórica (o termo não é de Postone) para o novo e o inesperado. Na realidade, a alternativa objetivamente propiciada, em segundo plano, pelo capitalismo mais avançado não seria baseada no valor, essa "forma de riqueza baseada no dispêndio de tempo de trabalho humano", como escreve ele. Na fase avançada do seu desenvolvimento o capitalismo vai liberando algo que está no seu âmago, ao ensejar aquilo que ele denomina "divisão social do tempo". Este vai passando de "necessário" a "supérfluo" para, no limite, na transformação do processo todo, tornar-se "disponível", não mais adstrito à geração de valor e pronto para apropriação e uso social.

Crítica de Postone

O problema da análise de Postone reside nos seus fundamentos. Comecemos pela ideia de interdependência, à primeira vista uma concepção não dialética, mais adequada a elementos de um sistema do que a momentos de um processo. Segundo ele as relações sociais são formas de interdependência social, o que equivale a dizer que a sociedade se compõe de modalidades específicas de relações. Como ele afirma enfaticamente que a interdependência sempre é mediada, a questão que se apresenta concerne àquilo que denomina "caráter específico da mediação nas relações sociais". Isso tem a virtude de lembrar algo que ele tende a subestimar, que a mediação não é diretamente relação social. Na realidade, é o que a constitui como tal e mediante ela se realiza. Aquele caráter a que se refere Postone é dado por um princípio socialmente constituído, uma "categoria de mediação social". E aqui ele estabelece sua tese mais abrangente. Com base na ideia de que o pensamento marxista consiste em uma "teoria crítica das formas de mediação social", sustenta que a forma de mediação que é objeto da crítica de Marx é o trabalho gerador de valor. E este, precisamente, é a categoria de mediação social básica no capitalismo, está no seu núcleo. Disso, conclui que Marx critica as relações sociais mediadas pelo trabalho, e o faz de uma perspectiva muito específica. O ponto de vista que sustenta sua crítica é o da possibilidade historicamente emergente de outras mediações sociais e políticas que não o trabalho. Fica claro que isso não significa pregar a abolição do trabalho, mas sim a da condição histórica que o colocou na condição de referência e amarra do conjunto de relações constitutivas da sociedade.

É preciso reconhecer que dois pontos estreitamente ligados não ficam adequadamente esclarecidos nesse argumento. Primeiro, o da natureza disso que é denominado mediação. Segundo, o da natureza da contradição. A aproximação que Postone promove, entre o movimento de mediação numa sociedade intrinsecamente contraditória e as relações que ocorrem no seu interior, encerra o risco de se perder de vista exatamente aquilo que importa, que é a contradição. Se a mediação não é pensada na sua presença em ambos os polos da contradição e na sua capacidade de, definindo os polos (do contrário não seria mediação) conectá-los sem anular seu caráter contraditório (do contrário não seriam polos) ela corre o risco de se converter em mera rede de relações. No limite isso poderia conduzir ao erro elementar de supor a contradição como se dando entre objetos (tomando-a, pois, na sua forma imediata, de confronto, oposição, conflito) em vez de no interior do objeto mesmo. Afinal, não há contradição *entre* capital e trabalho, mas a há *no* capital (fixo e variável) e *no* trabalho (concreto e abstrato). Diante disso a tática de Postone consiste numa manobra radical. Ao enfatizar que a sociedade com timbre capitalista se distingue pela presença de uma dominação social específica, na qual temos "a dominação das pessoas por estruturas de relações sociais abstratas, quase-independentes [ou seja, quase fora da interdependência social] mediadas por trabalho determinado pela mercadoria" (1993, p. 3), estruturas essas que, segundo ele, Marx busca identificar com categorias como valor e capital, ele repõe o problema em outro nível. Aqui não temos relações sociais sem mais, porém estruturas de relações. E, naquilo que nos interessa, tais estruturas são mediadas por forma determinada de trabalho. Nesse caso a mediação incide em relações parciais no processo todo, não nos seus extremos constitutivos. Revela-se, assim, que a ênfase está nas estruturas de relações, não no movimento mediador. Este é invocado continuamente para acentuar aquilo que talvez se pudesse denominar "eficácia" das estruturas como instâncias da dominação impessoal e abstrata que Postone identifica na sociedade capitalista. Isso pode ajudar a explicar por que ele, embora não a esqueça, acabe conferindo realce relativamente reduzido à questão, que se imaginaria central na sua análise, da forma. Pois é nela que se poderia encontrar o elo entre relações e processo contraditório abrangente, sem risco de reduzir mediações a relações. (É verdade que discutir isso a fundo exigiria exame da questão, difícil em Marx, do que se entende por relação). A questão se apresenta quando ele fala nas relações sociais como formas de interdependência social. Entretanto, em nome daquilo que chamei acima de eficácia, no exame da interdependência a atenção acaba se concentrando mais na estrutura de relações do que na sua forma. Isso acaba imprimindo certo tom estático numa análise marcada pela atenção à dinâmica dos processos. Cabe aqui lembrar passagem paradigmática do *Capital*, quando, ao discutir o dinheiro como meio de circulação e iniciar o exame da "metamorfose das mercadorias" no volume 1, Marx observa que "o processo de troca das mercadorias encerra relações que se contradizem e se excluem mutuamente. O desenvolvimento da mercadoria não suspende essas contradições, mas cria a forma na qual elas podem se mover" (1957, p. 109, grifado no original). Não é por outra razão que o estilo de exposição dialético, voltado para os modos e as condições do movimento, é desde logo uma análise dos modos de constituição das formas. Nisso, é essencialmente crítico, sempre no limite e apontando para além. Faz sentido, nesse contexto, a posição de Adorno, ao conceber sua dialética negativa como "ontologia do estado falso". Falso precisamente ao apresentar mero estado (Zustand) como constituído, quando cumpre revelar o movimento que desmente tanto o estado de coisas quanto a ontologia, como é discutido em Nobre (1998).

Um aspecto perturbador da análise de Postone consiste em que, não havendo necessidade imperativa que comande o processo histórico para além das suas variações episódicas, não há razão para supor que um processo complexo como o capitalismo avançado gere na sua dinâmica própria uma única alternativa possível. Seria mais plausível supor que fossem múltiplas. Com isso, voltamos à questão política. Quem seleciona a alternativa relevante e tem condições para impô-la ao conjunto? Como a solução da classe revolucionária foi descartada por ele com bons argumentos, abre-se um vácuo conceitual e prático, cujo preenchimento é um desafio que vale a pena enfrentar. Estamos, enfim, à beira de algo importante, um "pluralismo revolucionário" (de novo o termo não é dele, embora ele talvez nem o rejeitasse). Na realidade, o que transparece aqui é um problema na análise de Postone que, pela importância do conceito envolvido, merece ser assinalado. É que em muitas passagens em que ele fala de dominação sente-se falta de um passo a mais, no sentido de conceito tão central na obra de Marx como é o de subsunção. É verdade que esse conceito é com frequência aproximado ao de subordinação (no sentido de modalidades, formal e material, de subordinação do trabalho ao capital, no exemplo mais direto), mas ele vai mais fundo. É mais do que subordinação ou dominação. É a imposição a um momento do processo social maior da lógica própria à instância apta a fazer isso. Ou seja, daquela historicamente mais abrangente. No caso, o capital, que, exatamente na subsunção, intromete-se no processo todo e, ao fazê-lo, afirma-se como a instância dominante sem a qual não se dá a inclusão no processo como momento seu. É o modo de inserção no processo maior que está em jogo, não uma relação pontual de imposição, embora a forma social assumida possa ter essa índole. Considerando-se as exigências da exposição dialética, o conceito de dominação (que envolve relação entre agentes dados) não é suficiente, por mais que se enfatize o seu caráter objetivo, impessoal, vinculado ao processo todo.

Modo e forma

Isso nos conduz de volta ao tema do modo e da forma, com referência à mediação social. A mediação como tal, como movimento, não é modo nem forma, é versão dialética da função. Ela se distribui pelo conjunto das formas e, com isso, permite ao modo do processo (no caso, capitalista) se desenvolver como tal. Nesse sentido fica difícil insistir, como faz Postone, no "caráter" da mediação das relações sociais (1993, p. 152 e 319). Mediações em exercício não têm caráter próprio, nem poderiam ter. Na realidade, assumem em cada momento do processo o caráter da relação social sua portadora, precisamente ao defini-la como relação. Do contrário, o conjunto ficaria bloqueado, ao invés de se manter em movimento precisamente graças à perversidade polimorfa da mediação, que se ajusta a tudo e permeia tudo. Essa qualidade da falta de qualidade própria permite-lhe, de resto, operar como regente oculta de relações sociais e também como mediadora, não no sentido de intermediária, mas como transmissora e ao mesmo tempo agenciadora de dimensão nem sempre evidente da contradição, por mais que esteja anunciada no termo. Trata-se da dimensão de resistência, de esforço, de tensão. O problema está na contrariedade socialmente gerada nas pontas do processo, que se transfere ao conteúdo no seu desdobramento e se mantém nas mediações das formas engendradas no seu desenvolvimento. Pois a forma, como aparência determinada, é expressão de algo, resultado do sair de si da matéria. Não se reduz à outra face do conteúdo, é o lado socialmente ativo do conteúdo. A substância do processo constitui-se como conteúdo de uma forma ao ser reiterado por ela, reproduzido mediante ela. A questão "por que tal conteúdo assume tal forma" é unilateral, pois o conteúdo só se constitui e se determina como tal ao encontrar sua contrariedade em forma determinada. Como sustenta Reichelt, "não cabe dizer (como Marx): como este conteúdo assume aquela forma (trabalho abstrato assumindo a forma valor e tempo de trabalho assumindo a grandeza do valor). Deve-

-se, sim, dizer: como se pode conceber o conteúdo a partir do desenvolvimento das formas" (2010, p. 10, nota 14). Nos termos das observações feitas até agora cabe, reciprocamente, ver como a forma determina o conteúdo como tal. Pois a forma não é mero efeito do conteúdo, é sua negação determinada. Não concerne oa conteúdo sem mais, e sim a este preciso conteúdo, mediante esta precisa forma. Reichelt insiste na ideia de que a relação socialmente relevante para a identificação das formas não é determinação no sentido vago de imposição de nota característica. É da ordem do valor, como validação e vigência. Chega ao ponto de sustentar que essa validação é social até o ponto de envolver algo como o estabelecimento de uma aceitação universal da forma de relação. Valor não se refere a coisa ou a atributo dela, mas a validade, lembra ele. Esse tema é dos mais importantes, embora controverso na formulação de Reichelt. Tanto que um autor simpático a ele, Ingo Elbe (2008), chega a criticá-lo por exibir, movido nos seus trabalhos mais recentes pela preocupação com a agência em contraste com a estrutura, uma tendência a "reduzir fenômenos econômicos a socialização regulada por normas". Ou seja, haveria nele uma tendência a sociologizar demasiado a análise, ao ponto de negligenciar a dimensão propriamente econômica envolvida. Algumas observações mais recentes de Reichelt parecem reforçar a crítica de Elbe. Mas é preciso considerar que sua preocupação maior consiste na formulação de uma "ontologia social do valor", na perspectiva da constituição social do caráter objetivo do valor (para o que vai buscar apoio em Adorno e em Simmel, com sua ideia da "abstração real"). A perspectiva social, contudo, tampouco pode ser negligenciada. Em outro registro (certamente não sociológico), relativo a uma "dialética da sociabilidade", José Arthur Gianotti lembra que "uma coisa não aparece transformando-se noutra, o atributo não possui um princípio interno de diferenciação, de modo que o peso e a brancura pudessem servir de motor da diferença. [...] Atrás da perdurabilidade da coisa, da sua identidade lógica, que permite a referência do nome próprio, se esconde um processo social de avaliação e transformação". Por outra parte, "A objetividade sui generis do valor está ligada a um processo formal de diferenciação; a forma surge ilusoriamente dotada de um movimento de autopromoção" (1983, p. 241). Na perspectiva de Reichelt é precisamente essa ilusória capacidade do valor de se puxar pelos próprios cabelos que lhe permite reger o processo social de avaliação, ao validar a coisa e sua transformação.

Jogo de espelhos

Tudo isso certamente não anuncia algo como uma harmonia espontânea entre essas dimensões da vida social. No processo em curso, a vida social vai se tornando passo a passo mais indireta e vai escondendo suas balizas. E isso não porque se torne mais cerrada e sem lacunas. Mas, pelo contrário, porque se multiplicam no seu interior os hiatos, os descompassos, e eles são de ordem temporal: pausas e andamentos desconexos, interferências de frequências, "choques temporais", como escreve Roy Bhaskar num dos livros mais desconcertantes sobre dialética, com o título fascinante, que Hegel apreciaria, "o pulso da liberdade" (2008)[3]. É aqui que se desenrola a dinâmica mais funda do processo todo. É também aqui o cenário da dinâmica entre modo e forma. O trabalho some no seu resultado, que o absorve; a produção é absorvida na circulação; nesta, o produto aparece

3 Bhaskar teve forte impacto no marxismo inglês, e a escola do "realismo crítico", da qual é representante eminente, tem conhecedores de qualidade no Brasil, a começar pelo sociólogo brasileiro (por adoção) Frédéric Vandenberghe, que já começa por ele seu livro *Teoria social realista* (2010). Ver também Cynthia Hamlin, Realismo crítico. Um programa de pesquisa para as ciências sociais (2000). Para uma apreciação crítica, ver Alex Callinicos, Critical realism and beyond – Roy Bhaskar's Dialectic (2008).

como dado originário, na forma de ente permutável, de mercadoria; o modo de trabalho produtivo de valor aparece na forma da organização e da gerência, com o trabalho como subordinado, e assim por diante. Sem esse jogo de fintas e esquivas seria impossível a reprodução. Nisso é fundamental o jogo entre modo e forma. Entre, por um lado, o modo de intervenção socialmente organizada no mundo e de geração de formas e, por outro, a forma de apresentação da operação do modo (mediante as relações que ele engendra) e da sua reprodução. Importante, nesse ponto, é que entre o modo e a forma se introduz uma fenda, que deriva das diferenças de temporalidade entre um e outra. Em consequência, a forma nunca se apresenta direta, linearmente, porém o faz de maneira cada vez mais refratada. Atingimos aqui outro argumento central: o de que o movimento do processo total é marcado por duas modalidades de descompasso, um *hiato* temporal entre formas nas suas relações e uma *refração* na imagem que apresenta. Ou seja, à dimensão estritamente temporal junta-se uma espacial, e ambas formam uma unidade. As formas nunca são de "primeiro grau", pois o mundo das formas vai se descolando do mundo dos modos. Isso não se dá ao acaso, porém. Se couber o termo, trata-se de descompassos determinados. Há, no processo, uma ordem no conjunto de refrações e uma natureza específica de cada relação envolvida, de cada "prisma" (o termo é de Gramsci, que percebeu esse fenômeno , como se pode ver, no presente volume, no capítulo sobre Weber, Gramsci e os modernos) assim como o descompasso temporal depende de temporalidades que em nada são casuais.

Em grande medida deriva disso o caráter "obscuro" das relações no mundo regido pelo capital, analisado, com rigor não presente aqui, no campo da articulação lógica do conjunto por Ruy Fausto. "A dialética é de certo modo fenomenologia da obscuridade", escreve ele (1987, p. 150). O fetiche sempre se apresenta e o caráter espectral do processo não só é inevitável como é necessário para o encadeamento do processo todo. Em exata oposição a Max Weber o mundo do capital é cada vez mais "encantado", intrincado, difícil de decifrar no seu modo de operar, a despeito da brutal evidência dos seus efeitos. Em texto dedicado a esse tema, Christopher Arthur (2004) adota título em homenagem ao livro de Jacques Derrida sobre o "espectro de Marx" (no qual Derrida comenta, logo no início, que "o fantasma se apresenta para lembrar [Hamlet] do dever, também em relação ao seu pai morto. É isso que desloca dos gonzos o tempo, de tal modo que o alinhamento do morto com o vivo constitui uma espécie de temporalidade impossível", no que evoca o caráter espectral do movimento do capital e o cruzamento de temporalidades entre trabalho vivo e trabalho morto). A ideia do tempo "fora dos gonzos" merece exame atento, como de resto já teve entre nós com Eduardo Rinesi (2009). Ao examinar o valor, em relação ao qual leva a sério a afirmação de Marx de que ele tem de fato caráter "metafísico", Arthur vale-se da ideia de Bhaskar de que em processos dialéticos é mais importante a ausência do que a presença. Isso porque o "vazio", o "nada" da ausência (que é mais um deslocamento, um "distanciamento" do que mera perda) é tão real quanto a presença. Na realidade, é um "vazio determinado", conformado pelo processo que o causou e que deve ser enfrentado, como índice de coerção e carência de liberdade que é. É difícil pensar um tratamento desse tema sem reservar ao tempo (ao seu "pulso", esse é o ponto) papel fundamental nesse jogo da ausência e da presença, de vazio e de pleno, no qual emerge a promessa da liberdade, que, naquela interpretação, seria o grande projeto inscrito na dialética. Por outro lado, é importante nas formulações de Arthur a ideia, que compartilha com Postone e por essa via com Adorno, de que a dinâmica temporal capitalista vai revelando caráter compulsivo, numa espécie de fixação no presente, reiteração linear, acumulativa. Impulso compulsivo esse que pode ser vinculado à dinâmica da valorização no capital. Poderíamos acrescentar que isso contrasta com um possível processo com caráter formador, multidimensional, gerador de novas formas.

Artimanhas da dialética

Por detrás de tudo isso está o caráter muito peculiar do movimento de contradição dialética, em que a coisa é ela própria e seu contrário, num movimento que só pode aumentar o escândalo e a perplexidade dos adversários dessa forma de exposição de determinados níveis de processos sociais. Pois o importante nisso nada tem a ver com a suposta, e absurda, tese de que no mesmo passo seja possível A e não-A. O trickster dialético é mais sutil. Em processos sociais como o da gênese e do desenvolvimento do valor (e é disso que se trata, não de alguma "dialética da natureza"), o truque consiste precisamente em que, embora a coisa se desdobre em si mesma e no seu contrário, os contrários não se mesclam. A questão não é a de uma impossível simultaneidade de A e não-A, mas da necessidade da sua copresença. Sob pena de não se realizar como tal (esse é o ponto) A carrega consigo não-A, como presença real, porém não idêntica, como sombra indelével prestes a inverter posições. Não é uma questão de identidade fixa, mas de formação móvel. É por isso que se trata de movimento e não de estado. E é por isso que cabe falar de contradição na sua acepção dialética, não analítica. Mercadoria é mercadoria e é dinheiro. Não identidade simples nem ambas as formas emaranhadas, contudo. Cada qual somente se dá na sua referência intrínseca à outra. Significa isso que conteúdos sem mais não entram em contradição entre si. Tomados tal como se apresentam (mais valeria dizer, tal como não têm como se apresentar), são inteiriços e separados, abstratos, não têm como entrar em relações. Só ganham mobilidade pela sua condição de entes socialmente engendrados, ao assumirem internamente formas sem as quais não têm como se realizarem ao longo do tempo, não têm como ir além de meros "momentos" de um todo também abstrato. A contradição se dá entre formas assumidas no interior do mesmo conteúdo no processo da sua existência e reprodução. Só isso permite o aparente paradoxo de afirmar, sem prestidigitação verbal, que é pelo lado da forma que se define a contradição como material, como própria à coisa mesma, e não como mera ideia. Própria à coisa mesma, ou seja, mediada na (e não pela) forma. No sentido rigoroso do termo a matéria é determinada na forma que assume e é posta em movimento pelo enlaçar-se das metamorfoses (e não o oposto, como quer o materialismo ingênuo).

Estamos, de novo, diante de cenário peculiar, com sombras, hiatos e refrações que só exibem os traços dos personagens ao olhar, a audição e o senso rítmico mais atentos. Eisenstein poderia ir bem longe no seu filme sobre o *Capital*.

Uma questão conexa e relevante é aquela, formulada com especial ênfase pelos criadores da teoria crítica da sociedade, de movimentos historicamente regressivos, em aberto contraste com a ideia de progresso irreversível. Se essa regressão for pensada como uma espécie de retrocesso na linha temporal a ideia perde muito do seu interesse. Não assim, entretanto, se pensarmos a regressão como modalidades específicas de composição e entrelaçamento de ritmos temporais, como parece ocorrer quando se tem um movimento do capital no qual o uso intensivo de recursos high tech se une à reativação das formas mais cruas de superexploração e acumulação. O que leva a lembrar que, num mundo de multitemporalidades, não há regressão ou progresso sem mais, e sim modalidades várias de sua combinação.

Resistência e compulsão

A isso se acrescenta ponto já referido acima, sobre a questão da força e da resistência. Resistência da matéria ao trabalho que a violenta, do produto ao valor que o dilacera em mercadoria, do trabalho ao capital que o explora, de uma forma a outra forma que disputa o mesmo conteúdo. Um campo tenso de embates, que ganham forma social em múltiplos conflitos. Não se trata, entretanto, de algo do feitio da luta de classes interpretada na sua versão mais simples, como inteiriça e frontal. São embates enviesados, não lineares, até porque nada é linear sob o capital, nem mesmo a luta de classes, que é real, porém intrincada e envolvida na constituição das próprias classes. Na perspectiva aqui adotada (na qual, diga-se de passagem, classe não é um grupo social sem mais, e sim um princípio de organização no interior do conjunto mais abrangente regido pelo princípio da sociedade) não se trata propriamente de embates e sua forma social não é invariavelmente de conflitos, mas de modalidades específicas de descompassos de ritmos e andamentos temporais. Nisso revelam-se históricas, num sentido exigente do termo. Aqui cabe observação de passagem, que sozinha abre amplo complexo temático. É que, tendo sido feita referência Gramsci, seria também hora de introduzir outra grande figura do campo revolucionário comunista nas primeiras décadas do século passado, Lev Trotsky, que completa a referência grasmciana aos prismas com a ideia do andamento histórico desigual e combinado. Essas duas figuras, associadas às de Benjamin e Bloch, dão o que pensar, com certeza (como me alertou Leopoldo Waizbort).

Se somarmos o caráter sempre refratado das relações nessa específica ordem social regida pelo capital ao jogo da imposição de formas e das resistências e consideramos que tudo isso se realiza sob múltiplas modalidades de movimento (outro termo difícil, que podemos neste passo entender como significando mudança continuada que modifica o caráter do objeto – com o que o aproximaremos, creio que legitimamente, da ideia de *formação*), fica patente que, sem um acurado estudo da dimensão temporal não se poderá avançar. A questão da resistência remete ao cerne mesmo do movimento dialético, naquilo que concerne aos momentos de externalização e internalização. Pois a medida é a face externa, espacial, daquilo que, pelo lado interno, temporal, é o limite. E o jogo entre ambos percorre o processo todo. Nesses termos, a continuidade, o par dialético do limite na dimensão temporal, pode também ser pensada na dimensão espacial, como par da medida. Admitindo-se que as dimensões temporal e espacial formam unidade, a continuidade poderia ser concebida como "categoria de mediação" que possibilita as relações no interior de cada qual e entre elas. Quando avançamos na identificação dos seus momentos de manifestação podemos nos aproximar de situações extremas no processo que nos interessa, aquele regido pelo valor. Pois, se o valor não é ponto terminal, nem mesmo sua valorização o é. De certo modo o valor resiste a se converter em mais valor, a valorizar-se na sua figura extrema, que, no entanto, não cessa aí. Pois o mais valor, na sua dinâmica incontida, tende a nova figura, muito singular, uma figura não dialética, que não envolve desdobramento e sim um puro mais, um avanço "automático", a figura perfeita da desmedida, ao distender sem limite a medida sem a qual não existe. Nesse movimento sonega-se à dimensão temporal a continuidade, que, desprovida de limite, perde sentido. O incremento automatizado não tem mais como assumir forma, é movimento puro, "fibrilação", crise na sua acepção mais acabada. Isso, contudo, não significa o fim do processo, pois, ao contrário dos seus demais momentos, não engendra resistência. Engendra, sim, a distopia perfeita da crise permanente. Não final, contudo. Pois, se o valor perde sua dimensão de medida (de limite, fronteira como diz Marx em várias passagens), mantém sua capacidade de validação da vigência de processos. Nesses termos, é possível deixar o território no qual o valor reina pleno sem abandonar o domínio do capital, ao contrário do que supõe

Postone. Só não se atinge a crise permanente, autoalimentadora, quando as múltiplas modalidades de resistência geradas no interior do processo (esse é o ponto) conduzem a formas sociais adequadas à contenção do impulso desabalado (o "freio" de Walter Benjamin) e à constituição de formas alternativas. A expressão "adequadas" tem certa ressonância lukacsiana. Lukács soube fazer, em *História e consciência de classe*, uso criativo dela. Embora bastante problemática numa perspectiva dialética, aquela ideia é poderosa o suficiente para merecer atenção e uso cuidadoso. Isso talvez possa ser especialmente fecundo se a essa ideia se juntar outra, essa sim poderosa, de *condensação*; no caso, condensação de múltiplos movimentos, naquilo que, recorrendo a Gramsci fora de contexto, se poderia também denominar *catarse*. No mesmo passo, transparece que movimento corresponde a uma categoria crítica, cuja exposição não pode se restringir a acompanhá-lo em ideia, mas deve mostrar até onde é capaz de ir, e em nome de que.

Formação e regime temporal

A questão da formação, a que se aludiu acima, mereceria atenção bem maior, e não pode passar inteiramente em branco. Nas suas principais obras Marx não estava preocupado com esse tema na sua concepção alemã clássica, voltado como estava para os grandes panoramas históricos e de modos de produção que lhe permitissem entender a dinâmica do capital. Por essa razão, está mais interessado em conjuntos de formas, *Formation*, do que em formação de sujeitos autônomos, *Bildung*. A questão da formação no sentido que lhe foi reservado no grande pensamento idealista alemão, com o uso que propicia das ressonâncias significativas das palavras, merece lembrança no mínimo porque está no centro do tema de fundo das presentes considerações, relativo às formas sociais da experiência. O modo como o conjunto de formas integradas na sociedade moldada pelo capital se faz presente na formação dos seus integrantes suscita desde logo questões perturbadoras. Limito-me a sugerir como *Bildung* (figuração, geração de forma, formação) é termo complexo, que se desdobra em dois momentos relativos à constituição de sujeitos sociais, numa cabal efetuação da dialética do interno e do externo. O primeiro deles concerne à externalização, à *Erfahrung*, à saída de si na qual o sujeito ganha conteúdo para retornar modificado. O segundo diz respeito à internalização, à *Erinnerung*, na qual os resultados da travessia são incorporados, prontos para outro passo. O primeiro é da ordem da experiência e o segundo, da ordem da memória. Um remete ao que se fará no mundo e ao que permanecerá disso, à tensão entre presente e futuro, à aventura se quisermos. O outro diz espeito aos traços, às marcas deixadas pela travessia, àquilo que se retém na passagem do tempo. Juntos, conferem tom e timbre próprio a temporalidades particulares, que se juntam e se combinam entre si no contexto maior da vida social em condições históricas específicas. Não são agência e estrutura que importam aqui, mas, para evocar Ortega fora de contexto, eu e minha circunstância (ambas mutáveis, ambas imersas no tempo, no jogo entre continuidade e limite, Fausto exortando o instante fugidio, "permanece, és tão belo").

Lukács viu muito bem que o modo de vida regido pelo capital gera uma configuração "espacializada" do tempo, numa análise que, ao seu modo, Postone retoma ao falar de "tempo abstrato". Ou seja, tempo linear, homogêneo, apto a ser dividido em segmentos de magnitude uniforme, impessoal porque independe das flutuações geradas pelas condições de vida das pessoas. É possível antecipar, agora, uma questão que me parece legítima e para a qual dificilmente encontraremos resposta cabal na literatura. Na passagem do capitalismo para formas mais avançadas, financeirizadas, digitalizadas e assim por diante, essa modalidade de tempo se acentua ou tende a ceder lugar a alguma outra, a ser descoberta? Uma conjectura plausível parece ser que o puro tempo abstrato linear e como que balístico não dá conta das novas condições que se vão gerando. Isso vale ainda mais se levarmos a sério a referência ao abstrato, pensando o tempo como se desligando do processo maior, ganhando fisionomia própria, como que se tornando autônomo. Essa hipotética autonomia suscita questões difíceis. Talvez a mais séria entre elas seja aquela que traz para exame aspecto do problema que aqui não foi nem mesmo lembrado até agora. É que não podemos incorrer no engano de imaginar processos sociais e históricos complexos, a exemplo de modos de produção, como simplesmente ocorrendo no tempo. Pois isso levaria a perder de vista o principal, a ideia que Lukács tem o mérito de pelo menos ter entrevisto, de que modos de produção (e processos afins) não são meras ocorrências ou modos de devir, mas *engendram suas próprias temporalidades*. Têm (para tomar de empréstimo termo central em Weber para caracterizar a lógica interna dos tipos de ação) sua temporalidade (mais precisamente, seu regime temporal, com múltiplas temporalidades entrelaçadas) própria, intrínseca. Perante tudo isso põe-se a questão de como conceber essa dimensão em termos mais abrangentes e flexíveis.

O arco e a flecha

O tempo não pode ser concebido como trajetória ou reduzido à condição de medida, sob risco de simplesmente reproduzir o modo como ele se apresenta na específica ordem social que nos cabe examinar, o que significaria enredar-se na ideologia. Como pensá-lo, então? Para encaminhar a questão, vou introduzir uma imagem importante. Trata-se da ideia, reelaborada nos anos vinte do século passado pelo astrônomo Arthur Eddington para tratar da natureza irreversível dos fluxos temporais, da "flecha do tempo". A proposta que trago para exame com base em tema examinado em outro ponto do livro, é que a imagem é boa, desde que mude a perspectiva do olhar. A *trajetória* da flecha é resultado. Importa *a vibração da corda e do arco* no preciso momento do lançamento. É fundamental que não se perca de vista que a "corda" é mais propriamente um "cabo", com múltiplos fios entrelaçados. Pois isso sustenta a ideia envolvida, de que os fios vibram com frequências e andamentos diferentes entre si. No conjunto, eles compõem o timbre e o ritmo próprio do lançamento (da relação), que se transmite à flecha e é transportada por ela. Não por acaso surge aqui a ideia de transporte. Ela é muito importante, num pensamento que concebe a relação de modo complexo e sutil e que se ocupa muito com transições e mudanças de forma. Trata-se, é claro, de formulação metafórica, que não tem outro objetivo (mas ele me parece da maior importância) senão propor, mediante concepção alternativa, que as visões convencionais da dimensão temporal são insuficientes e precisam ser revistas. Nessa perspectiva, o tempo não é mera linha ou trajetória, tampouco meio no qual ocorrem eventos. É aquilo sem o qual sequer se pode falar de eventos. O tempo de trabalho pode ser uma métrica conveniente quando se trata de atribuir magnitude a processos produtivos; mas não é propriamente de tempo que se trata nessa condição, e sim de imposição de medida. Falar de tantas horas para tal tarefa ignora inteiramente o caráter do tempo envolvido, embora seja conveniente para se formularem contratos, num modo de sociedade que os exige. Pensando nos termos de Postone, numa sociedade livre do império do valor, em que o tempo se tornasse dócil à convivência humana, tal métrica até poderia ganhar sentido para além da mera mensuração. O tempo guarda, sim, íntima relação com a medida, porém não como instrumento, meio. Já vimos que, na realidade, pode ser visto como se desdobrando em dois polos, continuidade e limite. É na tensão entre eles (o do perder-se no andamento e o da definição de referências para a parada) que se instala o movimento de autovalorização do valor, do capital à solta (o velho terror de Adorno, o precipitar-se sem peias), do valor que, no seu impulso interno cada vez mais autônomo e autocentrado, reflui na mera acumulação retilínea, que só se defronta às cegas com barreiras a serem ultrapassadas. A autovalorização do valor é a realização paradigmática da experiência frustrada, de estar fora de si sem sair de si, de relacionar-se consigo mesmo, daquela desmedida que merece ser denominada êxtase do valor, episódio perfeito de alienação se quisermos dar algum sentido ao termo.

A ideia básica envolvida nessa perspectiva é a de múltiplas temporalidades entrelaçadas nas relações e processos sociais (os lançamentos do arco), que lhes dão frequências, intensidades e ritmos específicos. Assim, a temporalidade escandida por fios com textura de interesses, competição e indiferença é diversa daquela formada por expectativa, colaboração e solidariedade. Recorre-se nisso, certamente, a linguagem metafórica. Talvez tenhamos que reconhecer, todavia, que uma componente metafórica é inerente à exposição dialética. Afinal, estamos lidando com um mundo de deslocamentos, de passagens, um mundo *verrükt*, como diria Marx, ou seja, deslocado, enlouquecido, fora de si, metafórico no sentido exato do termo. O problema não é que haja metáfora, mas que seja certeira (no caso, sinuosa) o suficiente.

Leveza e precisão

A conclusão que emerge de tudo isso é a de que, nas condições que se vão desenhando no mundo, a atenção às diferenças finas, em especial no que concerne aos ritmos temporais, torna-se cada vez mais importante para discernir a emergência de mudanças, por vezes de grande porte, que podem advir de flutuações sutis na ordem do tempo. Basta pensar nas consequências imensas, e imediatas, que no mundo digital pode gerar o entrelaçamento de pequenas decisões. Para tanto é imprescindível a combinação mais íntima de leveza e precisão naquilo que mais do que tudo importa para enfrentar o mundo que vem: a *mobilidade*. Tal mobilidade não se confunde com velocidade ou aceleração. No sentido mais fundo é algo que se vai além da mera destreza na resposta rápida. É toda uma forma de sensibilidade aos ritmos e andamentos da sociedade que está envolvida nisso, coisa que exige novas regras não durkheimianas do método, dialéticas, talvez. Tendo sido evocada antes a figura do arco e da flecha, ocorre pensar na concentração não compulsiva e na prontidão precisa do arqueiro atento ao mínimo movimento do peixe na correnteza.

Ou, em registro mais suave, o belo lema de escola de surfe em comunidade cearense, "esticadores de horizontes". E, pensando em nossa epígrafe de inspiração africana, por que não a capoeira? Essencial na mobilidade, enfim, é o modo como nela respira a crítica, pronta para escapar à reiteração do mesmo e indicar o ponto limite onde se vislumbra o outro. É essa a tarefa que se desenha no horizonte, e as observações aqui anotadas não tiveram propósito outro senão chamar atenção para ela.

Civilização, cidadania e barbárie

O Messias só vem quando não é mais esperado, lembra Kafka. Em outro registro, a partir de outra grande matriz civilizadora do Ocidente, Kavafis põe na boca dos habitantes da cidade sitiada a pergunta ansiosa: os bárbaros, onde estão eles que poderiam nos salvar? Teimosa resignação em ambos os registros, centrada naquilo que só virá quando se tiver aprendido a não esperar a redenção transcendente por um lado nem contar com a desesperança e entrega total à ordem vinda de fora, pelo outro. Há algo que permita pensar esse descompasso sem depositar todo o peso numa ideia tão frágil como a de esperança? Talvez a referência à barbárie ofereça uma pista na sua outra face, a civilização. É nesta que devemos, pois, concentrar a atenção.

Civilidade

Para tanto, tomarei como ponto de partida uma referência não convencional no campo da reflexão política. Não entrarei no tema pela via da cidadania ou pela via do civismo, nem pela via da civilização diretamente. Minha entrada será pela via daquilo que chamaria de civilidade, um modo específico de agir que talvez em uma dimensão específica condense tudo aquilo que nos preocupa neste momento. E a referência não convencional que tomarei como ponto de partida é um ensaio de Theodor Adorno, o grande mestre da teoria crítica da sociedade.

Entre os belos pequenos ensaios e aforismos de seu livro *Minima Moralia*, encontra-se um cujo título tomado ao pé da letra seria "tato" (mais precisamente, "dialética do tato"), mas que na realidade é melhor traduzido por "civilidade". Nele está em jogo o que aparentemente há de mais trivial – a sociabilidade cotidiana –, mas por um ângulo muito especial, que dá ao texto o seu tom crítico. Trata-se de uma particular forma social de sensibilidade, a capacidade para relacionar-se com o outro de maneira inteira e com inteiro respeito. Eis a questão de fundo.

O que nos importa nas observações de Adorno? É o modo como ele materialmente localiza o seu tema, quando afirma que a civilidade tem um momento histórico único. Esse momento é aquele em que a burguesia se libera dos entraves do antigo regime da nobreza, quando as convenções que anteriormente pesavam sobre a ação se enfraquecem sem desaparecer de todo e uma nova forma de individualidade emerge. O essencial é a conjugação entre a emergência de uma forma histórica de individualidade e o enfraquecimento, mas não pleno desaparecimento nem tampouco a redução a mera formalidade, das antigas convenções que regem a sociabilidade. Nessas condições a nova forma de individualidade que vem à tona não fica solta sem mais, ela encontra um cenário privilegiado para exercer relacionamentos, para estabelecer contatos sociais ainda demarcados pelas convenções enfraquecidas do regime anterior, mas não mais subordinados a elas. Essa dialética original da civilidade tem como exercer-se porque nesse momento privilegiado não é tolhida em seus momentos constitutivos. Não ocorre a imposição imperativa de um quadro de convenções sobre a ação individual nem se dá a pura e simples presença de uma individualidade desencadeada, solta, sem limites e sem referências, indeterminada, portanto. É a emergência, a cintilação no horizonte dessa a dialética que ele vê como evanescente à medida que as próprias formas específicas que caracterizam a civilidade vão se emancipando, perdem suas referências concretas e, ao se tornarem autônomas, remotas, abstratas, em vez de gerarem justiça mútua trazem consigo o germe da injustiça. Cabe lembrar, de passagem, que se para um antípoda seu como Hobbes injustiça consiste em não cumprir contratos, para Adorno ela consiste, com um traço kantiano, em desrespeitar a dignidade do outro. A manifestação de respeito ao outro torna-se vazia, desprovida de conteúdo, reinstalando pelo lado das próprias novas maneiras de relacionamento algo que as corrói precisamente no que têm de civis. Três exemplos permitem ilustrar isso. Alguém conhece gesto mais autoritário do que o tão frequente comando imperativo, o supostamente polido "faz favor" ("se lhe agrada", diriam franceses e ingleses, num resto de presunção de autonomia do outro e, em alemão e italiano, "peço", numa curiosa inversão da posição senhorial)? Ou, ainda pior, o "sinto muito", quando sentir muito significaria precisamente manifestar sentimentos sem recorrer a fórmulas? Ou então, naquilo que talvez seja o exemplo mais acabado da mudança histórica a que alude Adorno e ao seu desfecho, porventura o termo "obrigado" envolve obrigação de reciprocidade, "noblesse oblige"? Prejudica-se destarte o desenvolvimento do que seria a dialética mais profunda da civilidade, que é o jogo entre gestos de renúncia do indivíduo, da sua capacidade consciente de abrir mão de certos atos em nome do respeito à dignidade do outro por um lado, e, por outro, a própria manifestação incontida da individualidade, da individuação, o centrar-se em si mesmo. Nesses termos a civilidade só encontra condições para realizar-se quando envolve uma dialética complexa entre o juízo refletido de cada qual sobre até onde se pode chegar, entre essa renúncia consciente a certos atos que possam agredir o outro e, ao mesmo tempo, a formação de uma individualidade autônoma aberta, não circunscrita externamente por um quadro fechado de convenções nem cerrada na autorreferência.

É difícil ler este texto sem evocar aquilo que Cícero Araújo, aqui presente, conhece muito bem, o pensamento escocês oitocentista. É neste que um autor como Pocock localiza a reinterpretação das virtudes clássicas em termos de "maneiras", manners. Por este prisma o que Adorno está descrevendo naquela passagem evoca uma manifestação peculiar de modos polidos, de maneiras refinadas de comércio, no sentido lato e altamente expressivo do termo, como relação mediada pelo interesse mútuo; o comércio suaviza os costumes, diria Montesquieu. Trata-se precisamente daquela relação própria a uma forma do exercício das virtudes clássicas que acaba fundamentando o que pode ser uma concepção republicana de convivência. De modo que o texto de Adorno, à primeira vista restrito a algo muito miúdo, muito fino no campo das relações sociais, é atravessado pelo grande tema das relações entre os homens marcadas por um respeito republicano. Essa é a porta de entrada que eu elegeria para propor modos de pensar algumas das questões que nos ocupam neste específico momento.

Pocock distingue uma linguagem das virtudes de uma linguagem dos direitos. Em nosso momento presente cabe-nos uma exigência difícil, que é a de articular essas linguagens. Elas aparecem de vários modos nos debates contemporâneos, mas no fundamental o nosso problema é que não podemos escolher entre a linguagem das maneiras e a linguagem das virtudes. Temos que articular o tema das "maneiras" como exercício moderno das virtudes com o tema dos direitos. Na realidade ambos se entrelaçam na questão da cidadania. Podemos ler, é claro, a cidadania em dois registros. Primeiro, como participação ativa considerando o corpo constitutivo da sociedade, no registro das virtudes republicanas. Depois, como exercício de direitos, no registro das liberdades liberais. Rousseau e Locke, se quisermos.

Mais uma vez estamos às voltas com um complicado jogo de dois termos opostos e inseparáveis, agora entre essas duas dimensões da cidadania. Não tentarei acompanhar isso neste momento. É claro, contudo, que também com referência à cidadania há algo assim como a dialética entre a linguagem do direito e a linguagem das virtudes, entre a linguagem daquilo que se pode reivindicar como próprio e a linguagem dos modos adequados de se relacionar com aquilo que remete ao conjunto mais amplo da sociedade. É igualmente claro, e da maior importância, que a linguagem dos direitos tem referências universais ainda que abstratas quando tomadas por si sem mais, e que a linguagem das virtudes tem referências particulares, de contexto, igualmente abstratas quando tomadas por si.

Guerra e paz

É nesse sentido que eu colocaria a questão da civilidade como uma espécie de conceito síntese do que nos preocupa neste momento. Talvez isso possa ser desenvolvido tomando como referência dois paradigmas da política e do pensamento político naquilo que nos preocupa aqui hoje. Por um lado o paradigma que se concentra na oposição entre guerra e paz, por outro lado aquele que se concentra na oposição entre separação e ligação. A perspectiva colocada por Adorno, na qual eu detecto uma espécie de fio condutor subterrâneo de caráter republicano, tem uma posição clara no que diz respeito ao contraste entre guerra e paz, a favor da segunda, claro. A posição que vê a política como confronto direto, como guerra, como distinção amigo-inimigo, evoca de imediato, como representante paradigmático, a figura de Carl Schmitt, para quem na política o dado essencial é que o outro é sempre potencialmente hostil. Em frontal contraste, a posição colocada por Adorno, ainda que sem referência política imediata, remete à questão da busca infinita da reconciliação das diferenças no interior do corpo social. Assinala algo a que voltarei mais à frente, que é a ideia ampliada de política como o processo contínuo e nunca encerrado de construção conjunta de uma ordem pública digna de ser vivida. Esse é o ponto: digna de ser vivida por pessoas reais no mundo real, para além dos códigos legais e das abstrações doutrinárias. Uma concepção bastante abrangente de política, sem dúvida. Mas esse paradigma é importante, embora esteja sujeito à objeção de que deixa de lado o aspecto conflituoso da vida social. Não deixa, todavia, porque a civilidade pode ser conflituosa, só não pode ser friamente destrutiva, mesmo porque o conflito não se reduz ao confronto aniquilador. De passagem: alguém já viu algo mais frio do que a hostilidade schmittiana ou o embate generalizado hobbesiano? Adorno, minha referência de base nesta exposição, indicava o momento histórico da civilidade, do tato nas relações, e ao mesmo tempo suscitava a questão sobre se esse momento fugaz pode ser recuperado em novas formas, numa fase histórica marcada por aquilo que designava como "frieza burguesa". De certo modo essa formulação permite aproximar dois irmãos pouco amistosos, se evocarmos Ernst Bloch, a quem preocupava a distinção entre a "corrente quente" e a "corrente fria" na política. Isso, se não quisermos lembrar as advertências de Max Weber sobre o "gélido inverno" que se aproximava na sua época. Tudo isso serve para sugerir que o momento quente, caloroso, não é o da guerra, e sim o da paz, e que talvez uma dia aprendamos que nada há de mais frio do que o embate destrutivo da guerra (como de resto, numa época de "bombas inteligentes" mal há como deixar de aprender).

Ao mesmo tempo, isso permite colocar a concepção da política pelo ângulo da paz (em contraste com a guerra) no âmbito de uma distinção mais forte. Ela figuraria nesse passo como a concepção que marca o momento do estabelecimento dos vínculos, da ligação, em oposição à que marca na dimensão política o momento da separação. Se projetarmos essa distinção sobre a trajetória do pensamento político, certamente o momento moderno seria aquele em que a ênfase está na separação. A ideia de separação está associada, no que estou colocando aqui, à introdução em posição central na questão política da ideia de interesse. Interesse é exatamente aquilo que se interpõe entre as pessoas, que as vincula, sim, mas separando-as. Nele o momento da separação predomina sobre o momento do vínculo, ao introduzir neste a cunha da utilidade. Essa é a marca do pensamento moderno na política, porque é o foco no interesse que leva a se pensar a ação política em termos de escolhas orientadas por preferências (opções relativas a uma escala bem definida). Por essa via ganha novos contornos um problema central da política, que é o da *organização*. E para além da questão da organização, está o problema da *eficiência*. E, como fundo e fundamento de tudo isso, a questão do *controle*. Posto que a atenção se concentra nos interesses dos indivíduos, estes aparecerão como detentores de preferências, capazes de realizar escolhas, e o problema político de como articulá-las coloca-se em termos de formas de organização eficiente na administração de coisas e homens. Essa é uma maneira eminentemente moderna de pensar a questão, e contrasta com uma maneira que tem antecedentes clássicos, relacionada com a ideia da política como exercício de certas virtudes civis. Nela enfatiza-se a deliberação, a formação de uma vontade pública para além das meras preferências e das escolhas. Ora, a questão da civilidade só faz sentido no interior do paradigma que pensa a política pelo ângulo dos vínculos que se estabelecem entre as pessoas, e, se me permitirem o termo, da legitimidade desses vínculos. Está em jogo a capacidade dos homens de construírem conjuntamente o seu mundo.

Nessas condições claramente se vincula o paradigma da paz com o paradigma do estabelecimento de vínculos, pelo exercício da deliberação civicamente virtuosa. Isso reforça essa concepção muito ampliada de política pela qual ela se define como construção conjunta do espaço público, – uma tarefa interminável, sem solução definitiva, um horizonte. Isso é uma quimera, dirão alguns: é uma concepção da política pacificadora e complacente no mau sentido do termo, por aí não se vai caminhar nada. Minha resposta seria: não sei se é mais quimera do que se eu defendesse aqui de modo acrítico certas noções que com frequência circulam entre nós, de forte caráter normativo e, para além disso, ideológico, como por exemplo a ideia da sociedade civil. Nesta encontramos uma concepção dissimuladamente normativa, marcada por exigências tópicas de certo momento histórico. No entanto, ela sobrecarrega o debate, e acaba introduzindo muito mais fantasmagorias na nossa reflexão política do que se avançarmos até o fim e sustentarmos que a política não pode ser pensada sem a sua dimensão normativa. Quando falo da exigência da construção conjunta da ordem pública, isso pelo menos é explicitamente normativo, é um horizonte de referência, e não se refere a uma suposta entidade que realize o poder em aliança ou em confronto com outras. O mesmo se aplica a um conceito como "opinião pública", que também ainda parece pesar nas nossas concepções e nos nossos debates. Também ela tem seu momento histórico, que foi esquecido. Tanto quanto "sociedade civil", a noção de "opinião pública" emerge em um momento histórico particular, marcado pelo confronto de um grupo social que busca atrair para si a capacidade de legitimação contra o poder absoluto. É um recurso no embate político, assim como a ideia de sociedade civil foi explicitamente um meio de luta, inicialmente nos processos de mudança de regime na Europa do Leste e depois adotada na América Latina. Invocar a opinião pública significa reivindicar a legitimidade de uma instância de poder, não descrever algum grupo ou organização. No plano empírico ela se reduz a uma distribuição de interesses privados, e não chega por si a justificar sua referência pública. Algo muito próximo a isso vale para a reivindicação da sociedade civil como locus efetivo de deliberação e participação e não como exigência normativa orientadora da ação.

Se quisermos pensar em termos de grandes formulações, devemos estar atentos para a sua carga normativa mais do que descritiva. Claro que não se trata de desqualificar as análises políticas que vão diretamente ao âmbito institucional. Muita coisa pode ser conseguida por este caminho. O paradoxo, no caso, consiste em que, quanto mais mergulhamos no âmbito institucional mais estamos no terreno em que se mesclam considerações normativas tácitas com questões de organização e administração, e menos estamos no terreno daquilo que efetivamente permite alcançar o tom propriamente político.

Gostaria de sustentar aqui que os grandes temas que nos importam hoje, o tema da civilização, da cidadania, do civismo, têm que ser enfrentados por via indireta. Retomo neste ponto a questão da civilidade, que, ao dizer respeito a modos de orientação da conduta, remete à dimensão cultural, à dimensão do que eu denominaria cultura política. Não me refiro a uma concepção mais convencional, que de algum modo vincula a cultura política à opinião, à distribuição de respostas a perguntas feitas a um conjunto de indivíduos em momentos dados para, digamos, detectar em que medida se aceita a "democracia" ou em que medida se verbalizam posições "autoritárias". É um enfoque que eu não desqualificaria sem mais, mas que não chega ao ponto no qual gostaria de chegar. Pois importa captar a dimensão significativa, a dimensão cultural da civilidade, que por sua vez traduz modos específicos de orientação da conduta que oferecem conteúdo significativo à cidadania, à civilização e à ação cívica. Em suma, importa conhecer o modo de produção de atitudes, antes do produto.

A cultura, pensada em termos políticos, em termos de cultura política na sua acepção mais ampla, deve também ser pensada como uma tensão intrínseca entre conteúdos (tratados pelas pesquisas convencionais de cultura política, ou mesmo de opinião) e pautas subjacentes a esses conteúdos, que os organizam. Essas pautas, historicamente constituídas como itens do repertório cultural das sociedades, oferecem a chave para a organização significativa da experiência social. São pautas de interpretação da experiência. A dimensão da cultura que realmente me parece importante para pensar politicamente as questões de conduta social refere-se a essas pautas de interpretação da experiência. Elas não são evidentes, não estão presentes sem mais, atuam subterraneamente na ação dos homens. Referem-se àquilo que eu chamaria de temas fundantes na experiência social das pessoas localizados dentro de um determinado espaço político. Temas fundantes que têm como característica serem profundamente arraigados e formarem como que o éter no interior do qual se dá toda a percepção e ação política dos homens. Tais pautas de interpretação, isso que está por trás do modo como os homens interpretam espontaneamente sua experiência social historicamente constituída, fornecem registros de interpretação da experiência, são como chaves de interpretação. São chaves hermenêuticas, que nos alertam contra qualquer concepção substancialista da cultura, que a veja diretamente em termos de conteúdos significativos que circulam no interior das sociedades. O que está em jogo é como esses conteúdos se articulam em complexos significativos determinados e, a partir disso, ajudam a definir o modo como a experiência social, uma vez interpretada, por sua vez organiza novos conteúdos.

Sociedade punitiva

A título de ilustração vou fazer uma referência rápida ao que no meu entender caracteriza um tema fundante, uma *pauta fundamental de interpretação da experiência social* com relação ao caso brasileiro. É uma conjectura, mal chega a ser uma hipótese, mas que cada vez mais me parece plausível. Ela vai no sentido de que, no caso da sociedade brasileira, um tema fundante central, uma pauta decisiva de interpretação que se aplica ao conjunto da experiência social, consiste no tema da *punição*. Esse tema fundamental se traduz de muitas maneiras. Uma delas resulta em frase extremamente expressiva: "Os inocentes pagam pelos pecadores". Temos nisso uma concepção muito peculiar da herança cristã, que está presente ao longo de toda a sociedade. Cabe aqui lembrar, desde logo, que a referência a traços culturais (no sentido restrito de significados compartilhados na orientação da conduta) cabe aqui tão-somente com o propósito de identificar um problema. Isoladamente, traços culturais explicam tão pouco quanto a busca de antecedentes históricos. O instituto da escravidão, a prática seletiva do favor, o ímpeto punitivo naturalizado igualmente seletivo, são problemas, não respostas. Falta pesquisar as condições precisas por efeito das quais essas circunstâncias ganham centralidade e vigência continuada.

Essa pauta está presente de uma maneira muito importante, porque marca um modo de interpretar a experiência segundo um registro que se projeta no plano das grandes questões que afetam a todos, mas simultaneamente as despolitiza. Não está em jogo o cuidado com aquilo que concerne a todos. Cuida-se de exato oposto, a transferência dos custos, das penas relativas a condutas danosas para o conjunto. A referência a esse conjunto abstrato, indeterminado, sustenta o que, na falta de melhor termo, eu denominaria gestão distributiva dos custos e das penas.

A esfera pública, que poderia ser a referência política para se reformular esse grande tema, aparece na ação espontânea do cidadão comum como um espaço vazio, uma espécie de área de despejo, para onde se transfere uma punição, um custo, ou uma desvantagem que de algum modo pudesse recair sobre esses ou aqueles indivíduos. O exemplo mais trivial, muito expressivo todavia, dessa modalidade socialmente incutida e consagrada de conduta consiste em jogar entulho na rua para que os pneus dos veículos o reduzam a pó, que "some", claro que nos pulmões de quaisquer ocupantes e usuários (outros tantos termos significativos) daquele espaço.

A esfera pública não aparece como o campo denso no interior do qual se exerce a civilidade, as formas e as maneiras sociais e historicamente polidas de relacionamento respeitoso com o outro, mas aparece como uma área vazia, disponível para se fazer o que, na linguagem usada em outro contexto por Celso Furtado, seria a "socialização das perdas". Os custos são remetidos de maneira indiferenciada para essa área comum. O que eu sugiro é que isso remete a um ponto fundamental para se falar da civilidade e da cultura política, em qualquer sentido mais forte do termo (a sugestão, aqui, refere-se ao caso brasileiro. Seria interessante tentar algo análogo para outros casos, como aquele sugerido nas formulações de Horacio González sobre o tema da morte na cultura política argentina). Penso que no caso brasileiro a análise pode avançar bastante se caminharmos na direção proposta.

Nessa mesma direção, e ainda com referência ao caso brasileiro, seria possível vincular o tema da punição a dois outros estilos de ação na arena pública, que podem ser identificados como "possessivo" e "predatório". O estilo possessivo manifesta-se na própria concepção do que é público (em contraste com o privado) na sociedade. Nessa concepção, público é o que "é de todos" ou, inversamente, o que "não é de ninguém". Vale dizer, adota-se o registro privado, da posse exclusiva, para esvaziá-lo de conteúdo (de todos ou de ninguém são ambos termos vazios), mas não se atinge o nível de uma concepção do público como referência compartilhada para a ação, como critério norteador da conduta. A isso também se associa um ponto da maior importância, que se manifesta diretamente nas políticas adotadas pelo poder público (ou pelas instâncias que se apresentam como tal). Trata-se da tendência a fazer curto-circuito de todas as etapas intermediárias, esvaziando ou neutralizando passos que possam conduzir aos resultados pretendidos, e sempre começar pelo fim. Para usar um exemplo trivial, em que a dimensão punitiva também se manifesta: impõe-se multas aos motoristas que transgridem sinais de trânsito antes de se tratar do estado da própria sinalização, da qualidade das vias públicas (termos expressivo e carregado de ambiguidade, aliás), sem falar da qualidade mecânica dos veículos e da qualidade civil dos seus usuários. Daí até as técnicas (com frequência institucionalizadas como "assessoria") de burla e de transferência de danos é um passo. Entre o estilo possessivo do agente privado e o curto-circuito entre propósito e resultado pelo poder público instala-se, como denominador comum, o estilo predatório. A síntese disso é bem ilustrada pela modalidade de ação do poder público que consiste em conceber as penas pecuniárias (multas) aos cidadãos como forma de arrecadação, reforçando-se nisso a índole possessiva do processo todo.

O exame feito até aqui permite localizar um dos numerosos desafios que temos a enfrentar na reflexão sobre a sociedade e na busca de orientação para nela intervir. Entre muitos outros, temos hoje que trabalhar conjuntamente sobre um problema, que julgo de especial importância: neste momento cabe empenhar esforços na produção de uma nova e robusta teoria da experiência social. Desde Marx (e também Simmel e os que se inspiraram nele; e talvez melhor ainda quando se trabalhou com ambos, como o jovem Lukács) pouco se produziu com envergadura suficiente para fazer frente a essa exigência. Quando Marx constrói conceitos como fetichismo da mercadoria, ele oferece recursos analíticos poderosos, que podem alimentar uma teoria da experiência social, de como se constitui historicamente uma forma de experiência, de como ela adquire significado, de quais são os limites desses significados – uma concepção da tradução significativa da experiência não apenas descritiva, mas crítica. Não é mais suficiente trabalhar estritamente com essas categorias, mas talvez tenhamos fôlego para retrabalhar estas ou avançar em outras. Seja como for, sinto falta de uma teoria da experiência social.

É muito difícil pensar as questões fundamentais da política e aquelas que nos estão preocupando aqui nesses dias sem um instrumental poderoso para aplicar à questão específica da conduta cidadã ou da organização cidadã, ou de todas as dimensões desse complexo que se chama cidadania, sem dispor da base para pensar o fundamento social dessa experiência. Sem poder, portanto, pensar de modo adequado a natureza específica que uma experiência desse tipo assume nas condições muito peculiares do momento presente do capitalismo.

Tomar a questão da cidadania pelo lado dos direitos representa um avanço notável, ao permitir trabalhar em termos de universalização. Mas só ficar nisso leva a uma universalização abstrata e insuficiente. Tomá-la pelo lado das virtudes oferece uma contextualização imediata, mas com o risco sempre presente de ficar preso ao tópico ou pontual; no limite, de cair no puro e simples relativismo. A nossa questão consiste em como vincular entre si essas duas dimensões. Consiste em encontrar modos de pensar a articulação tensa entre a dimensão dos direitos e aquilo que eu denominei dimensão das virtudes, do exercício virtuoso da cidadania. Trata-se, afinal, de articular universalização e contextualização.

Responsabilidade

Minha proposta, neste ponto, é que o tema que permite trabalhar simultaneamente a dimensão universalista (ou dos direitos) e a dimensão contextual (ou da cidadania) com referência ao exercício da civilidade ou da organização civilizatória é o da responsabilidade. Trata-se de termo carregado, que em geral está presente na linguagem conservadora, mas neste ponto vale a pena trazer uma advertência que outros já fizeram melhor: não podemos deixar que as questões fundamentais fiquem como propriedade intelectual da direita. No espírito de Adorno, em *Minima Moralia*: "Não é das menores tarefas do pensamento pôr a serviço da razão progressiva todos os argumentos reacionários contra a cultura ocidental". Quando trago ao debate esse termo e mesmo lhe atribuo papel central nesse intrincado jogo entre referências universais e estritamente contextuais, o estou usando num sentido muito específico. O cerne da questão consiste em contrapor *responsabilidade* à *indiferença*. Nessa perspectiva a responsabilidade não envolve a mera capacidade, ou o dever, de responder por algum ato. Envolve também a capacidade, e o dever (ético, não legal) de reconhecer o interlocutor a quem se responde (que pode ser, no limite, a humanidade toda, em cada um dos seus representantes). É nesse sentido que ela se contrapõe à indiferença.

Ao falar de indiferença toco no que parece uma marca fundamental no funcionamento do sistema político e econômico na fase atual do capitalismo. Não se trata de caracterizar uma atitude de determinados agentes, mas de algo inscrito no próprio modo de organização e de funcionamento das sociedades contemporâneas. Nesse sentido eu a denomino indiferença estrutural. Certamente não é um dado novo que determinados grupos sociais pouco se importem com o que ocorre no restante da sociedade de que fazem parte, ou que sociedades inteiras ignorem outras. Mas o que temos atualmente é sem precedentes não apenas em termos de escala, mas também pela natureza que esse processo assume. Basicamente ele consiste em que os grandes agentes, especialmente os econômicos, altamente concentrados e com um poder nunca antes visto na história, atuam de maneira literalmente monstruosa, vale dizer, sem consciência do alcance do seu poder nem do encadeamento dos seus efeitos. No caso dos mega-agentes econômicos que atuam em escala global isso é especialmente nítido. Organizados em termos de seus interesses pontuais variáveis, em nome da sua própria eficácia eles necessariamente concentram a atenção sobre uma gama limitada de efeitos de suas decisões, aqueles efeitos que imediatamente se traduzem em vantagens. Isso, de por si, não os diferenciaria de empresários convencionais, salvo pela escala imensamente maior do seu poder. Ocorre que, nessas condições, eles necessariamente deixam de concentrar-se sobre a sequência de efeitos que seus atos acarretam para além do seu êxito em obter resultados esperados. Dotados de força desmedida, não alcançam nem se preocupam em alcançar o controle pleno do seu poder, cegos aos desdobramentos mais remotos de suas ações. Esses desdobramentos afetam populações inteiras, embora sejam rigorosamente irrelevantes para aqueles agentes.

Isso suscita em novos termos a questão da responsabilidade. Para além de exigência fundamental para se pensar de maneira séria a questão da política e da cidadania, da civilização e da conduta civil, ela ganha agora um caráter específico. Assinala-se com urgência a sua condição mais literal, que é a capacidade de *responder*, e não apenas no sentido de o agente, individual ou institucional, poder ser cobrado por seus atos, em alguma variante de *accountability*. Nas condições contemporâneas a responsabilidade deve ser vista como o que é na sua essência, vale dizer, o oposto da indiferença. Isso permite recolocar na mesa a questão dos interlocutores, da qualificação mútua como interlocutor. Pois não se trata simplesmente de uma espécie de cobrança moral unilateral, visto que os agentes mais poderosos são estruturalmente indiferentes aos efeitos mais remotos das suas decisões. Portanto a responsabilidade, a exigência da responsabilidade, passa pela quebra dos mecanismos de indiferença estrutural em nossas sociedades. Com isso ela ocupa posição central na referência que tomei como ponto de partida, que é a civilidade. E esta remete à questão de formas de ação intrinsecamente políticas, que não encontram limites a não ser no exercício do respeito mútuo pelo conjunto dos homens, pela humanidade na sua acepção cosmopolita. A indiferença estrutural é a destruição, é o ponto extremo da negação da civilidade. O que estou tentando sugerir é que a civilidade, a ação civil, no limite a civilização, é sim o fundamento de qualquer política digna de ser levada a sério, pois do contrário fica-se restrito ao plano estritamente administrativo, técnico.

Qual é o cenário melhor para pensar avanços nessas condições? Vou me permitir um jogo de imaginação, retomando a referência de Adorno. A civilidade, diz ele, tem um momento histórico específico, de convenções enfraquecidas associadas a individualidades em vias de se fortalecerem. Pensemos nossa pequena utopia em termos políticos globais: instituições políticas enfraquecidas, individualidades políticas, particularidades políticas em ascensão. A individualidade não é pensada aqui como o singular solto, mas como a forma determinada que o todo assume na figura do cidadão e de suas formas de organização. O cenário bom seria este, de instituições políticas em fase de enfraquecer-se sem desaparecerem, e avanço das formas de individualização. Avanço, portanto, no âmbito da efetiva responsabilidade da constituição de novas pautas civilizatórias. Não vai acontecer tão logo, e as questões de organização e de ação política envolvidas são difíceis. Entretanto, se nossa atenção não conseguir ir além do olhar de Medusa das instituições tal como se encontram (uma passável imagem das modernas sociedades de controle, diga-se de passagem) jamais avançaremos um passo. Contudo, se quiséssemos simplesmente rompê-las, na suposição de que, uma vez elas destruídas, nós estaríamos inteiramentea à vontade para exercer nossa racionalidade sem peias, também estaríamos perdidos. A vida política mais ampla, assim como a pequena dimensão da civilidade, se faz pela busca persistente da autonomia livre, associada à renúncia consciente ao ato de pura agressão destrutiva. Entre a adesão cega, a fúria destrutiva e a indiferença fria há espaço para a posição que vê no outro, no conjunto dos outros, os parceiros de uma construção sem fim, a única que importa, de um mundo em vias de civilizar-se.

Estamos falando de civilização, e temos não só o direito como também o dever de falar da barbárie. Porque estamos preocupados com intervir de maneira reflexiva e consciente neste mundo, mesmo sabendo das enormes dificuldades envolvidas. Por exemplo, temos o direito e o dever de buscar em nossas sociedades, e trazer à tona, isso que eu chamei dos temas fundantes que orientam a interpretação, que dão sentido à experiência dos homens; ou pelo menos entender algo de como essa coisa funciona.

Fazemos isso, todavia, contra o pano de fundo de que a barbárie está aí. Não estamos vivendo um momento de construção civilizatória. Pois a indiferença é barbárie, não é civilização. Civilização é exatamente a atenção ao outro. Isso está posto, isso envolve um esforço prolongado e nós estamos, sim, atuando no momento presente num cenário que oferece espaços relativamente reduzidos de ação global, embora ofereça muitos espaços de ação pontual. Um dos grandes problemas da reflexão e da ação social e política do momento presente consiste exatamente em encontrar formas totalizadoras de articulação da multiplicidade de ações pontuais que se manifestam no interior das nossas sociedades. Isso envolve um problema, que é o de não reproduzir armadilhas que talvez um pouco precipitadamente assinalei em referência a termos como sociedade civil ou opinião pública. Não podemos mais apostar na multiplicidade ou na mera agregação de interesses particulares organizados. Pois uma coisa é a referência pública, outra coisa é a organização do interesse privado. Agora o espaço da totalidade está ocupado, este é o dado novo após a freada do socialismo. O cenário é sombrio, mas não é esmagadoramente ruim. Qual é nossa tarefa? É encontrar o sentido desses espaços e tentar articulá-los, e avançar na busca de um sentido global para a articulação entre os espaços de ação existentes e sua ampliação, mas não, claro, de uma maneira aditiva. No momento falta-nos a capacidade teórica e prática.

Praticamente não está visível e teoricamente é muito difícil a tarefa essencial, de retomar em novos termos aquilo que foi o grande tema do marxismo, que é pensar a totalidade sem perder de vista os múltiplos conteúdos que se desdobram na sua dinâmica interna. Este é o momento de levar a sério a observação do velho Freud: a voz da razão é débil, mas persistente. Temos essa tarefa mesmo em tempos sombrios, talvez nem tão sombrios assim, temos graus de liberdade. Vamos ter que ser muito teimosos, muito persistentes, e capazes de reproduzir em escala ampliada esse ato de consciente loucura que é chegar aqui e discutir cidadania, civilização, civilidade, como se todo o mundo estivesse discutindo isso fora desta sala. Não está. Mais uma razão para não deixar de discuti-la.

DO BOM USO DOS DIREITOS: DOIS ADENDOS SOBRE O BRASIL

1. Impunidade

Nesta terra todo mundo faz o que bem entende e nada acontece. Esta ideia, que não é nova, vem assumindo para muitos o caráter de uma constatação inquestionável. Claro que concepções como essa dificilmente se difundiriam tanto sem algum fundamento real. E não será agora, quando a desproporção entre os atentados às normas mais elementares da convivência civilizada e sua punição vai-se tornando abissal, que alguém irá sustentar que vivemos no mais pleno império da lei e que as instituições funcionam como manda o figurino.

A questão é: vivemos mesmo numa sociedade desregradamente permissiva, em que as poucas leis existentes não se aplicam? Nem os mais enérgicos adeptos da tese da impunidade sustentam isso. Primeiro, porque não faltam leis: até sobram, e formam um denso cipoal. Segundo, e principalmente, porque a ideia da imunidade generalizada só faz sentido quando quem a exprime não se inclui entres os impunes. Quanto aos impunes de fato, a esses não preocupam generalizações.

A ideia da impunidade generalizada aponta para alguns dos dilemas mais fundos da nossa sociedade. A ideia de que outros são impunes (mas eu não) não se nutre da consciência da necessária universalidade da lei, mas sim da mais ou menos vaga impressão de que de fato há punições, mas elas não se aplicam àquelas pessoas ou àqueles atos considerados merecedores disso.

A indignação com a impunidade tente a converter-se em reivindicação de mais punições. Mas – e este é o ponto – não há caminho linear que leve disso à reivindicação não punitiva, mas civilizadora, que é a da universalização não somente das penas, mas dos direitos. Meu argumento, aqui, é o de que a sociedade brasileira suscita o tema da impunidade precisamente porque é atravessada de ponta a ponta por uma concepção punitiva das relações sociais. Pune-se demais e não de menos, mas pune-se como contrapartida da noção de impunidade: pela via privada, à margem das instituições (ou mediante sua pura e simples apropriação) mais do que pela via da efetiva constituição de um poder público.

A ira contra a impunidade é compreensível, mas perigosa quando ganha primazia no debate. Ela só oferece duas saídas: ou o moralismo rancoroso de quem quer ver alguém (de preferência bem identificado) preso ou até morto ou o cinismo (menos crispado, porque pelo menos na aparência baseado numa generalização de fato) de quem argumenta "já que todos podem, por que não eu?". Em ambos os casos fica implícita a posição, marcada pelo viés autoritário arraigado na sociedade, de que o problema se resume na punição (ou na sua ausência).

Não é, portanto, o desregramento da impunidade que marca nossa sociedade, mas a punição sem regras, que tolhe nos atos e nas ideias o acesso àquilo que importa: o poder efetivamente público e a universalização dos direitos.

2. Pena de morte

Pena de morte? Que a sociedade se manifeste, e a maioria decida. Essa posição vem-se apresentando com crescente frequência no debate sobre a adoção da pena de morte no Brasil. O argumento implícito é o de que a posição popular majoritária imprimirá à deliberação sobre o tema um caráter democrático. Quero contestar este argumento. Minha posição é a de que a pena de morte não pode ser objeto de deliberação majoritária, até porque sua adoção colide com os princípios básicos de uma ordem política democrática.

Numa ordem política democrática as deliberações sobre matérias de interesse coletivo obedecem à regra da prevalência da vontade majoritária, assegurando-se aos defensores da posição minoritária o direito de representá-la em outras oportunidades, na busca do apoio das maiorias. O ponto decisivo é precisamente este: a minoria não é anulada por ter sido vencida numa deliberação. É isto que dá à regra da maioria numa ordem democrática o seu caráter propriamente político. Não se trata de uma orientação para deliberar sobre questões últimas, de caráter universal, tipo se os homens devem ser felizes ou não, belos ou não.

Ela trata de questões concretas da convivência civil: quem nos representará na elaboração das leis? Quem escolheremos para nos governar nos próximos quatro anos? Qual programa partidário é o mais aceitável? Trata-se de uma regra com caráter genérico e universal, sim, mas num aspecto específico: o do acesso irrestrito dos cidadãos à participação deliberativa, no mínimo mediante a escolha livre dos seus representantes.

Por que isso é incompatível com a aplicação de um critério majoritário para decidir sobre a pena de morte? Por duas muito boas razões, no mínimo. Em primeiro lugar, a maioria democrática é intrinsecamente falível. Quer dizer, da perspectiva democrática as falhas da deliberação não são apenas ocasionais e externas, mas são possíveis em princípio. Portanto, nenhuma deliberação pode ter consequências inexoráveis e irreversíveis em princípio. Ora, pergunte-se a quem se quiser se há algo mais inexorável e irreversível do que a morte, e tirem-se as conclusões. Em segundo lugar, a deliberação majoritária, quando democrática, respeita os direitos da minoria. Isto inclui o direito de persistir na sua posição e também de recorrer de medidas do poder público cujas consequências (vejam bem: não só aplicação, mas as consequências, porque é aqui que se vê se o erro é reparável ou não) impliquem dano a prerrogativas básicas dos seres humanos (como ocorreria no caso da discriminação racial, num caso mais brando, ou da perda da vida, no caso extremo).

A regra da deliberação majoritária é democrática precisamente enquanto é regra geral de procedimento, e não recurso de ocasião. Como recurso ocasional nada tem a ver com democracia, e pode muito bem servir para legitimar atos ou desígnios autoritários. Como regra que se aplica a todas as deliberações de interesse coletivo, ela não se confunde nem com questões de princípio, relativas aos fundamentos últimos das ações, nem com questões puramente técnicas, relativas à sua eficácia. No jogo democrático os princípios últimos devem ser traduzidos em medidas efetivas, que permitam a convivência civilizada, mediante o entendimento entre as partes.

Um princípio (moral, estético ou de qualquer outra natureza) constitui base legítima para assumir-se uma posição nos debates públicos, mas não mais do que isso. O essencial, na ordem democrática, é que ele próprio está sujeito ao escrutínio público, nos significados concretos que assume (ser justo significa o quê? E ser honrado?). Se há coisa avessa a dogmas é a deliberação democrática: ela exige liberdade, mentes abertas, racionalidade. Quanto às considerações de índole técnica, também trazem elementos importantes para as avaliações e as decisões, mas igualmente requerem tradução para o plano propriamente político. Não basta sustentar que determinada medida é eficaz para dar-lhe a condição de boa deliberação. Interessa o significado que ela assume no interior da ordem democrática. No caso do debate sobre a pena de morte, isto significa que a questão de se essa medida tem eficácia dissuasiva do crime é secundária, senão irrelevante. Não importa se a ameaça da pena de morte possa dissuadir alguém de cometer assassinato: muitas outras circunstâncias poderão ter o mesmo efeito, com implicações inteiramente diferentes para a ordem social democrática. E é esta que está em jogo, não a questão técnica de qual é o dissuasor mais eficaz da criminalidade.

Um aspecto decisivo, nisto tudo, é que o cidadão condenado por crime em julgamento correto e justo continua sendo cidadão, a menos que se queira reintroduzir (porque já a houve) a pena infamante do banimento, ou, o que apenas é a versão mais extrema disso, a pena de morte. Numa ordem democrática os direitos básicos do cidadão não cessam com a sua condenação por crime, e seria difícil conceber que o direito mais elementar de todos fosse exceção. Mas há os crimes hediondos, dirão alguns. Muito bem: o que é um crime "hediondo"? (De passagem: qual não o é, se merece repulsa e punição pela sociedade?). Matar uma criança no contato físico direto é mais hediondo do que submeter muitas crianças às dores da fome mediante o desvio de recursos da merenda escolar? Por esse caminho não iremos longe: no segundo passo tropeçaremos no cipoal dos preconceitos.

A conclusão é clara. Ou levamos a sério os pressupostos da ordem democrática, a falibilidade intrínseca das deliberações, a universalidade dos direitos, o respeito às minorias, ou a adoção da pena de morte mediante procedimento plebiscitário, no pior sentido do termo, lançará sua sombra também sobre a democracia que tanto nos custa construir.

CADERNOS ULTRAMARES

1. O movimento modernista *Mário de Andrade*
2. As ideias fora do lugar *Roberto Schwarz*
3. Temporalidades *Gabriel Cohn*
4. O ressentimento no Brasil *Maria Rita Kehl*
5. A grande porta do medo *Rogério Duarte*
6. O entre-lugar do discurso latino-americano *Silviano Santiago*
7. A fratura brasileira do mundo *Paulo Arantes*
8. A Gaia Ciência — Literatura e música popular no Brasil *José Miguel Wisnik*
9. Breve história crítica do feminismo no Brasil *Carla Rodrigues*
10. A paixão de Clarice *Benedito Nunes*
11. Vampiros & coqueiros *Jorge Mautner*
12. O homem cordial *Sérgio Buarque de Holanda*
13. Pedaços *Luiz Rosemberg Filho*
14. Antropofagia Zumbi *Suely Rolnik*
15. Alegoria, modernidade, nacionalismo *Ismail Xavier*
16. O dois e seu múltiplo *Tânia Stolze Lima*
17. A roupa da Rachel *Heloísa Buarque de Hollanda*
18. Experimentar o experimental *Hélio Oiticica*
19. O futuro da ideia de autor *Francisco Bosco*
20. A estética do frio *Vitor Ramil*
21. No palácio de Moebius *Nuno Ramos*
22. Sobre a potência política do inumano *Vladimir Safatle*
23. O problema da filosofia no Brasil *Bento Prado Jr.*
24. Toda comunidade é fascista? Um elogio do nomadismo *Márcio Seligmann-Silva*
25. Revisão dos cem anos de canção brasileira *Luiz Tatit*
26. A produção tardia do teatro moderno no Brasil *Iná Camargo Costa*
27. O espetáculo da miscigenação *Lilia Moritz Schwarcz*
28. Textos tropicais *Antonio Risério*
29. Geração revoltada *Antônio de Alcântara Machado*

30. She don't lie *Tales Ab'Saber*
31. Retrato do Brasil — parte I *Paulo Prado*
32. Retrato do Brasil — parte II *Paulo Prado*
33. Discurso aos tupiniquins ou nambás *Mário Pedrosa*
34. Arte e tecnologia *Mário Schenberg*
35. Política urbana no Brasil *Raquel Rolnik*
36. Mística e antimística *Eduardo Guerreiro B. Losso*
37. Surrealismo no Brasil *Claudio Willer*
38. A inserção do negro e seus dilemas *Joel Rufino dos Santos*
39. Arte afro-brasileira: o que é afinal? *Kabengele Munanga*
40. "Cultura" e cultura: conhecimentos tradicionais e direitos intelectuais *Manuela Carneiro da Cunha*
41. Zoopoéticas contemporâneas *Maria Esther Maciel*
42. Ouvindo Racionais MC's *Walter Garcia*
43. Cultura e alienação *Darcy Ribeiro*
44. Borges e Machado: clássicos e formativos *Luís Augusto Fischer*
45. Por um cinema sem limite *Rogério Sganzerla*
46. Do quasi cinema ao transcinema *Katia Maciel*
47. A melancolia de Ulisses *Olgária Matos*
48. Jamais fomos humanos *Fréderic Vandenberghe*
49. Mal-estar, sofrimento e sintoma *Christian Dunker*
50. O ensaio como narrativa *Pedro Duarte*
51. Manifesto dos educadores *1932-1959*
52. Em busca da sociologia não paroquial *Renan Springer de Freitas*
53. Inquérito nacional de arquitetura *1961*
54. Tradição delirante *Ericson Pires*

CPSIA information can be obtained
at www.ICGtesting.com
Printed in the USA
BVHW012251230523
664715BV00020B/1148